W0014905

# Les pervers narcissiques

Qui sont-ils, comment fonctionnent-ils, comment leur échapper ?

Groupe Eyrolles
61, bd Saint-Germain
75240 Paris Cedex 05

www.editions-eyrolles.com

ISBN : 978-2-212-54271-4

Jean-Charles Bouchoux

# Les pervers narcissiques

## Qui sont-ils, comment fonctionnent-ils, comment leur échapper ?

Huitième tirage 2010

EYROLLES

**Dans la même collection, chez le même éditeur :**

Juliette Allais, *La psychogénéalogie*
Juliette Allais, *Au cœur des secrets de famille*
Valérie Bergère, *Moi ? Susceptible ? Jamais !*
Sophie Cadalen, *Inventer son couple*
Christophe Carré, *La manipulation au quotidien*
Marie-Joseph Chalvin, *L'estime de soi*
Michèle Declerck, *Le malade malgré lui*
Ann Demarais, Valerie White, *C'est la première impression qui compte*
Jacques Hillion, Ifan Elix, *Passer à l'action*
Lorne Ladner, *Le bonheur passe par les autres*
Lubomir Lamy, *L'amour ne doit rien au hasard*
Lubomir Lamy, *Pourquoi les hommes ne comprennent rien aux femmes...*
Dr. Martin M. Antony, Dr. Richard P. Swinson, *Timide ? Ne laissez plus la peur des autres vous gâcher la vie*
Virginie Megglé, *Couper le cordon*
Virginie Megglé, *Face à l'anorexie*
Virginie Megglé, *Entre mère et fils*
Bénédicte Nadaud, Karine Zagaroli, *Surmonter ses complexes*
Ron et Pat Potter-Efron, *Que dit votre colère ?*
Patrick Ange Raoult, *Guérir de ses blessures adolescentes*
Daniel Ravon, *Apprivoiser ses émotions*
Alain Samson, *La chance tu provoqueras*
Alain Samson, *Développer sa résilience*

***Dans la série « Les chemins de l'inconscient », dirigée par Saverio Tomasella :***

Saverio Tomasella, *Oser s'aimer*
Catherine Podguszer, Saverio Tomasella, *Personne n'est parfait !*
Christine Hardy, Laurence Schifrine, Saverio Tomasella, *Habiter son corps*
Gilles Pho, Saverio Tomasella, *Vivre en relation*
Martine Mingant, *Vivre pleinement l'instant*

*À mes enfants*
*Jean-Baptiste, Alexandre et Édouard*

*À tous les êtres sensibles*
*Puissent-ils trouver les chemins du bonheur*
*Et croire en l'égalité de tous les êtres*

*À toi évidemment.*

*« Pourquoi suis-je si triste ? Je ne peux oublier cette légende.*
*Sur la rive du Rhin, au soleil couchant, l'air fraîchit.*
*Une merveilleuse jeune fille est assise là-haut sur le rocher,*
*elle peigne ses cheveux d'or, et chante une étrange mélodie.*
*Le batelier dans sa barque est pris d'une étrange douleur violente ;*
*il ne voit plus les récifs. À la fin, je crois les flots l'engloutissent.*
*Voilà ce qu'ont fait la Lorelei et son chant. »*

Heinrich HEINE (1823)

# Table des matières

Introduction

# Qui est le pervers narcissique ?

Le pervers narcissique structurellement accompli utilise le lien familial, professionnel ou amoureux pour assujettir l'autre. Il a besoin de cette proximité pour exercer son emprise et ne permettra pas à sa victime de prendre de la distance. Il est froid intérieurement, ne connaît pas la culpabilité et n'hésite pas à culpabiliser les autres. Ses valeurs, ses sentiments et son comportement changent en fonction des gens et du contexte qui l'entourent. Extérieurement, il est aimable et peut feindre la compassion et la sympathie. Il est séducteur et si nécessaire, peut être ponctuellement très serviable, surtout si cela lui permet d'atteindre ses objectifs, bien souvent aux dépens des autres. Il ne prend jamais en compte les besoins et les sentiments des autres, sauf pour s'en servir, manipuler sa victime, l'isoler et l'amener à faire ce qu'il veut. Il est égocentrique, exige de l'autre la perfection. C'est aussi un menteur. Généralement habile avec la parole, il se sert largement du double sens des mots pour manipuler, se positionner en victime pour se faire plaindre ou rendre l'autre volontairement mal à l'aise. Même s'il n'a aucune valeur propre, il utilise la morale et les valeurs des autres pour arriver à ses fins. Il peut mettre en avant des raisons apparemment très logiques pour justifier ses passages à l'acte, il peut être jaloux et infidèle. Il ne supporte pas la critique mais critique sans cesse. Pour se revaloriser, il se nourrit de l'image de sa victime : plus il la dévalorise, plus il se sent fort. Qu'il ressente une angoisse et rapidement, cette angoisse habite l'autre. Par des mécanismes que nous allons étudier, il fait porter aux autres ce qui devrait être sa rage, ses peurs et sa culpabilité, autant dire sa folie.

Or si le pervers narcissique accompli existe, il faut savoir que nous sommes tous amenés à utiliser à certains moments des mécanismes pervers narcissiques. Aussi, plus qu'un essai sur le pervers narcissique, cet ouvrage tente de présenter une cartographie des mécanismes et des origines de la perversion mentale. Il se propose d'esquisser la limite entre normalité et perversion.

À ce sujet, les personnages de Dom Juan et Casanova, par exemple, sont bien difficiles à situer. Dom Juan séduit des femmes et leur donne des rendez-vous auxquels il ne se rend pas mais envoie son valet Sganarelle vérifier qu'elles sont bien venues. Si c'est le cas, il est satisfait. Quant à Casanova, il séduit des femmes, se rend, lui, au rendez-vous, « consomme » puis disparaît. L'un comme l'autre se défendent d'une angoisse liée à l'idée qu'ils se font de leurs pouvoirs. Dom Juan vérifie le pouvoir de son image et Casanova s'assure qu'il n'est pas castré. Nous pourrions donc voir en Casanova un pervers sexuel et en Dom Juan un pervers narcissique. Toutefois, les deux s'enfuient après avoir séduit car une relation amoureuse les mettrait trop en danger.

Le pervers narcissique tel que nous allons l'étudier séduit sa proie à l'instar de Dom Juan mais la conserve ensuite et cherche à détruire l'image de sa victime. Il s'en nourrit et projette sur elle sa propre folie. Il assujettit son souffre-douleur et le pousse à la dépression, à la violence, à la perversion, à la folie, à la maladie voire dans les cas les plus graves à la mort par suicide ou par accident.

Tout au long de cet ouvrage, nous rencontrerons différents personnages qui nous montreront qu'il est parfois bien difficile de faire un diagnostic précis. Nous observerons le cas de Vanessa depuis sa petite enfance et nous la verrons, telle la Lorelei du poème cité en exergue de ce livre, devenir une sirène séductrice prenant plaisir à voir les marins s'écraser sur ses récifs. Le lecteur qui le souhaite pourra tenter une étude de ce cas en répondant à quelques questions. Des réponses non exhaustives seront proposées à la fin de cet ouvrage. Nous verrons aussi les cas de Franck, qui prend tant de plaisir à critiquer et dévaloriser sa femme, à la traiter de perverse pour oublier qu'il s'est senti trahi dans son enfance, de Jean-Pierre, le chef d'entreprise qui se valorise aux dépens de ses salariés. Nous nous intéresserons aussi au cas de Pierrette qui met en place des mécanismes pervers narcissiques pour sortir de son chaos puis qui ensuite, à la différence du pervers structurellement accompli, éprouve des angoisses d'abandon qui la font replonger. Son parcours sera complété par le long témoignage de Jacques, compagnon de Pierrette, qui après avoir vécu deux ans aux côtés de son amie malade se remet totalement en question. Là encore, le lecteur qui en a le désir pourra essayer d'y retrouver tous les mécanismes exposés au cours de cet ouvrage. Enfin, nous rencontrerons des parents pervers n'hésitant pas à sacrifier la santé mentale de leurs enfants pour leur seul confort.

## Un peu d'histoire

Paul-Claude Racamier[1] a inventé le concept de pervers narcissique dans les années 1950. À l'époque, il travaille sur la psychose et notamment la schizophrénie. Pour lui, le schizophrène vit avec frayeur ses conflits internes qu'il s'empresse d'éjecter chez l'autre.



1. Psychanalyste français né en 1924 et mort en 1996.

Dans son livre *Le génie des origines*[1], Paul-Claude Racamier parlant du pervers, explique : « Ce sont des noyauteurs, pour qui tout est bon pour attaquer le plaisir de penser et la créativité ; pour le pervers narcissique, dominent le besoin, la capacité et le plaisir de se mettre à l'abri des conflits internes et en particulier du deuil en se faisant valoir au détriment d'un objet manipulé comme un ustensile et un faire-valoir. »

C'est aussi en travaillant sur la schizophrénie qu'Harold Searl met en avant l'interaction des processus inconscients entre le psychotique et son thérapeute. Dans son livre *L'effort pour rendre l'autre fou*[2], Harold Searl rapporte : « Rendre l'autre fou est dans le pouvoir de chacun : qu'il ne puisse pas exister pour son propre compte, penser, sentir, désirer en se souvenant de lui-même et de ce qui lui revient en propre. » La perversion narcissique serait un moyen pour le sujet de ne pas délirer, de faire porter à l'autre son chaos et de ne pas entrer en psychose.

Mais c'est la Française, Marie-France Hirigoyen, médecin psychiatre et également psychanalyste, qui popularise le terme de perversion narcissique dans son ouvrage : *Le harcèlement moral : la violence perverse au quotidien*[3]. Elle définit le harcèlement moral, mécanisme typique du pervers narcissique, comme « toute conduite abusive qui se manifeste notamment par des comportements, des paroles, des actes, des gestes, des écrits, pouvant porter atteinte à la personnalité, à la dignité ou à l'intégrité physique ou psychologique d'une personne, mettant en péril l'emploi de celle-ci ou dégradant le climat social ».

1. Racamier P.-C., *Le génie des origines*, Payot, 1992.
2. Searles H., *L'effort pour rendre l'autre fou*, Folio Essais, Gallimard, 2002.
3. Syros, 1998.

## Les perversions narcissiques

Le terme de « pervers » a toujours fait partie du langage courant. Un chef de service fait une réflexion, il est pervers. Une personne séductrice est rapidement désignée comme perverse. Une difficulté nous dérange, c'est un élément pervers.

Lors d'une formation, j'ai abordé le thème du pervers. J'ai fait un tour de table et demandé à chacun de dire le premier mot qui lui venait à l'esprit. On m'a proposé : « vicieux ; corrompu ; immoral ; mauvais ; rétif ; libidineux ; débauché ; libertin ; obscène ; méchant… » Chacun possédait sa propre définition de la perversion.

Avant d'aborder les différents concepts de perversions et plus précisément celui de la perversion narcissique, il conviendra d'en définir parfaitement l'acception. En effet, en psychopathologie, un terme peut être souvent employé dans un sens très différent du langage courant. Par exemple, la mélancolie, mot romantique lorsqu'il est employé par un poète, désigne une maladie grave en psychopathologie. On le verra plus loin, certes le terme de pervers est entaché de moralité, mais la morale à elle seule ne pourrait suffire à le définir. Il faudra donc établir au préalable une définition du mot et des concepts nécessaires à son approche.

Nous étudierons ensuite les mécanismes de la perversion narcissique avant de chercher à savoir comment lui échapper. Le pervers utilise des outils particuliers, par exemple le collage. Il colle à sa victime, il ne lui permet pas de s'échapper, il « l'englue » avant de l'entraîner dans un climat délétère. En étudiant les concepts qui nous permettront d'aborder les mécanismes du collage, nous comprendrons mieux combien il est important de poser une distance avant toute autre tentative pour s'en sortir. Nous envisagerons par avance ce que seront les répliques du pervers et ses tentatives de « recollage ». Un homme averti en vaut deux.

Étant prévenus de ses réactions, nous ne serons pas surpris en le voyant se débattre et tenter de séduire, de menacer ou de culpabiliser à nouveau.

Ensuite, nous travaillerons sur l'origine des perversions. Pourquoi traiter des sources de la perversion après en avoir démonté les mécanismes ? Dans le travail sur le deuil, et c'est généralement un parcours apparenté au deuil que la victime aura à faire, nous verrons que plusieurs étapes sont nécessaires. Si le pardon est essentiel lorsqu'il accompagne les chemins de la résilience, il peut être déni s'il survient trop tôt et empêcher le travail nécessaire.

Jacques, le compagnon de Pierrette que nous avons évoquée, après avoir enfin réussi à s'en sortir me dit : « Je dois d'abord évacuer le poison, ensuite je pourrai me soigner et me reconstruire. Alors seulement, j'essaierai de comprendre puis de pardonner. J'espère que je retrouverai les chemins de la compassion et que je pourrai enfin redevenir comme avant. »

Dans le travail d'accompagnement avec les victimes de pervers, il est très important de procéder par ordre. Nous pourrions envisager de proposer à la victime de se remettre en question et de chercher à savoir pourquoi elle a permis cela, ou pourquoi elle a rencontré ce genre de personnage. Or le pervers vient de passer beaucoup de temps à demander à son partenaire de porter sa culpabilité. On l'imagine bien, la victime, au sortir de cette expérience, aura beaucoup de mal à se remettre en question et ce serait lui faire porter une charge supplémentaire, au risque de la faire souffrir plus encore, que de le lui demander. Or elle a souvent subi des attaques qui ont sévèrement dévalorisé son image. La remise en question pourra donc faire partie du chemin, mais elle ne devra intervenir qu'après un long travail apparenté au deuil suivi d'une reconstruction et d'une réappropriation de son identité.

Lorsque je reçois des victimes de pervers, elles présentent souvent des symptômes traumatiques à l'instar des victimes de guerre, de prise d'otage ou de catastrophe. Aussi, on comprendra à travers l'étude du pervers narcissique et de ses mécanismes, qu'il convient de respecter une méthode douce et structurée pour l'accompagnement de ses victimes.

Puisse cet ouvrage aider les uns à se reconstruire, les autres à se remettre en question et à chacun d'apprendre à prendre soin de soi dans la bienveillance et le respect de l'altérité.

# Chapitre 1

# Du besoin au désir, l'énergie pulsionnelle

De quoi traitent la psychanalyse et plus généralement les sciences humaines, si ce n'est des origines et des déplacements des différentes énergies en présence dans le corps humain et des conflits engendrés lorsqu'elles sont confrontées les unes aux autres ?

Ces énergies peuvent se manifester sous forme de pensées, de désirs ou d'aversions. Deux désirs de sens contraires peuvent générer des conflits (par exemple, la faim et le désir de faire un régime ou la rencontre de quelqu'un que l'on préférerait éviter). Si le conflit est externe, il nous atteint rapidement. S'il est interne, il peut tout aussi rapidement être géré ou projeté vers les autres (comme il peut être parfois tentant, par exemple, de partager sa mauvaise humeur avec les autres).

La psychanalyse tente une étude de ces énergies. Par la topique, Freud inventera une étude « cartographique » du psychisme. Par l'économie ou la dynamique, il s'agira d'essayer de comprendre la qualité, la quantité et les différents déplacements de ces énergies. Puis, par l'étude des mécanismes psychiques, d'observer comment on gère cette énergie, de distinguer parmi ces mécanismes ceux qui sont appropriés, ceux qui sont pathologiques et ceux qui sont pervers.

## L'énergie du désir

Pour comprendre ce qu'est la perversion, nous allons devoir aborder en premier lieu la notion de pulsion. Si nous admettons communément l'existence d'une énergie physique, nous pouvons, de la même manière, isoler une énergie psychique. La pulsion est justement constituée de cette énergie psychique. C'est une excitation endogène[1] : « Elle est charge énergétique qui fait tendre l'organisme vers un but[2]. » Si nous devons porter un poids, notre muscle produit une énergie et cette énergie va se dépenser dans l'effort fourni. De la même façon, une pensée, un désir ou une aversion formulés pour répondre à un besoin, produiront une énergie psychique qu'il sera nécessaire de dépenser. Tout besoin, toute production mentale en général, créent donc une tension dans le corps et c'est par le passage à l'acte par un *but* et vers un *objet* désigné par le psychisme que nous retrouverons un état sans tension.

Mais chaque pensée, chaque désir, chaque aversion n'ont pas le même « poids ». Certaines de nos pensées pèsent plus lourd que d'autres. De plus, il existe une interdépendance entre l'énergie physique et l'énergie psychique : trop de soucis nous mettent à plat, nous vident de notre énergie physique disponible.

1. Endogène : qui vient de l'intérieur.
2. Laplanche J., Pontalis J.-B., *Vocabulaire de la psychanalyse*, PUF, 2007.

**Heureux et fort**

Lors d'un atelier, un conférencier fait venir une personne à la tribune. Pour une expérience, il lui demande de tendre son bras et de résister à une pression qu'il applique sur son poignet pour lui faire baisser le bras dans une sorte de bras de fer. Le conférencier lui demande alors de penser à une chose heureuse, un bon souvenir. Il lui sera très difficile de lui faire plier le bras. Puis, il lui demande de penser à un événement triste qui lui est arrivé. La personne devient incapable de résister à la pression appliquée sur son bras. Cette expérience montre bien l'interaction entre l'énergie psychique et l'énergie physique.

Tout désir, toute pensée, toute aversion provoquent donc un état de tension dans notre corps. Or l'organisme peut supporter la pression jusqu'à une certaine limite. Il tend naturellement à l'abaisser car un état de tension trop important conduirait à la souffrance et mettrait en danger l'organisme, tant d'un point de vue physique que psychique. Comment s'entendent notre corps et notre psychisme pour évacuer ces pulsions ? Comment passe-t-on du besoin au désir et comment décharge-t-on notre trop-plein d'énergie ? Comment se débrouille la personne saine et comment s'y prend le pervers ?

## Du besoin au désir[1]

La pulsion s'organise selon trois pôles : sa *source*, son *but* et son *objet*. La *source* est le lieu où apparaît le besoin. Il s'agit des fondements de notre corps. Le *but* est élaboré par le psychisme en réponse à la demande physiologique et l'*objet* est la chose grâce à laquelle nous pourrons assouvir notre besoin.

1. D'après Freud S., « Pulsions et destins des pulsions » in *Métapsychologie*, Folio Essais, Gallimard, 1986.

Par exemple, si la faim nous tenaille, notre corps se met sous tension et envoie un signal, alors notre psychisme élabore un désir « j'ai envie d'un gâteau » et c'est par le passage à l'acte dans l'objet désigné, ici le gâteau, que nous pourrons retrouver un état de satiété et que les tensions s'apaiseront. Pour répondre à un même besoin, chacun pourra élaborer un désir différent : envie de sucré, de salé, de faire un régime, etc. Mais c'est l'organisme qui impose au psychisme d'élaborer un désir.

*La structure de la pulsion*

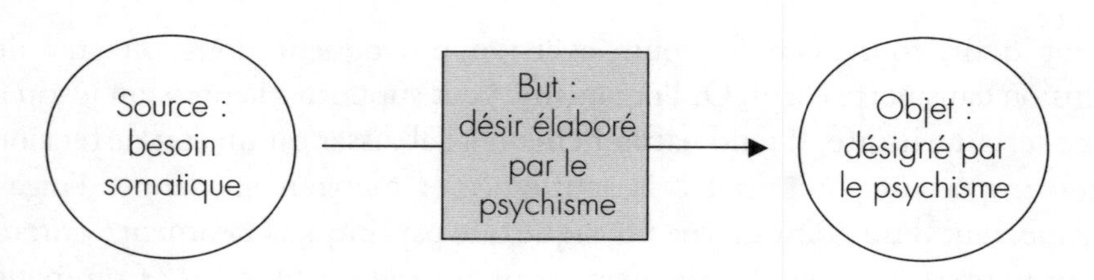


L'exemple cité précédemment s'appuie sur une pulsion d'autoconservation c'est-à-dire sur un besoin nécessaire à la conservation de la vie (boire, manger, dormir…). Freud identifie trois sortes de pulsions : les pulsions d'autoconservation, les pulsions sexuelles (libido) et les pulsions de mort (auto ou hétéro destructrice). Chacune cherchant à être assouvie car l'organisme tend naturellement vers l'apaisement de ses tensions.

## Le désir peut-il générer de la souffrance ?

Comme nous l'avons vu, tout désir, toute aversion, toute production mentale créent des tensions. L'organisme ne peut en tolérer qu'un certain niveau. Notre capacité de tolérance à la frustration dépend de notre structure psychique et de l'état de tension préexistant. Plus nous sommes matures, plus nous sommes aptes à supporter un certain état de tension. Plus nous sommes détendus, plus nous pouvons accueillir un nouveau besoin ou une nouvelle frustration.

## *Souffrance et addition des tensions*

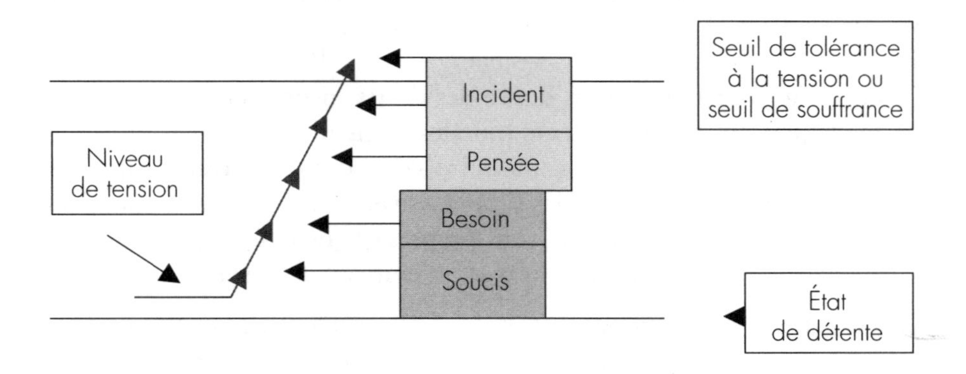


Le plancher du diagramme représente un état de basse tension psycho-corporelle. Cet état de détente pourrait correspondre par exemple à celui que nous ressentons quand nous sommes en vacances au bord de la mer. Le plafond du schéma représente le seuil de tolérance à la pression que nous pourrions aussi nommer seuil de souffrance (n'oublions pas que certaines tensions résultent de désirs inconscients, qui remontent souvent à la petite enfance).

Pour mieux comprendre ce diagramme, imaginons qu'en vacances, une personne veuille prendre sa voiture et s'aperçoive qu'un des pneus est crevé. Cela n'est pas très grave. Elle change la roue et le soir raconte ses déboires en riant à l'apéritif. Imaginons maintenant que cette personne apprend qu'elle est licenciée et que son conjoint la quitte. Elle bascule dans un état de tension très important. Simultanément, elle arrive à sa voiture et découvre que le pneu est crevé. Là, c'est la crise de nerfs. Un témoin ne comprendra pas qu'elle s'effondre pour si peu (ce qui, d'ailleurs, montre bien la difficulté qu'il y a à juger ce que vivent les autres).

Autre exemple, certaines personnes que l'on nomme clinomaniaques, passent tout leur temps dans leur lit. Elles sont dans un état de tension intérieure tel, que toute action, tout désir risqueraient de les propulser vers la souffrance. Le neurasthénique, lui aussi, évite d'agir. Il semble vidé de toute énergie. En fait, ses énergies sont déjà à l'œuvre dans son inconscient pour retenir sans doute des désirs inconscients qui entrent en inadéquation avec ses valeurs morales. Leur niveau de tension est si fort que le moindre désir, la moindre contrariété pourrait leur faire passer le seuil de tolérance et les propulser vers la souffrance. Le pervers, lui, par des mécanismes qui lui sont propres et que nous allons observer, fait porter à l'autre ses propres travers et évite ainsi de souffrir.

Des expériences sur des rats ont été menées au cours desquelles on leur inflige une décharge électrique. Évidemment, chaque décharge augmente leurs tensions jusqu'à ce qu'elles deviennent intolérables. Si les rats sont plusieurs dans la cage, ils en viennent à s'agresser les uns les autres, chacune de leurs attaques leur permettant de se décharger d'une partie de leur tension. Si le rat est seul, il finira par s'automutiler en se rongeant la patte.

Donc, les désirs mènent-ils à la souffrance ? Même si tout désir ou aversion est susceptible de faire monter notre tension interne, il est certain que si ce désir est conscient et réaliste, il ne pourra pas nous mettre sous une tension que nous ne pourrions supporter.

## Sommes-nous tous égaux face à la pulsion ?

Quand un nourrisson a un besoin, il exige d'être satisfait dans l'instant. Sans réponse immédiate, il hurle et projette sa colère. En cas de frustration, la psychanalyste anglaise Melanie Klein parle de haine pour son objet d'amour (le sein), objet grâce auquel l'enfant entend assouvir son besoin mais dont l'absence momentanée est génératrice de tensions internes. Plus tard, le petit enfant à qui l'on refuse son objet de désir, trépigne et pleure. Ce n'est que vers six ou sept ans, lorsqu'il entre dans la période dite de latence, qu'il apprendra à remettre ses désirs à plus tard.

Or nous nous sommes structurés durant notre petite enfance. Freud explique d'ailleurs que tout se joue avant six ans, que « l'enfant est le père de l'homme ». Tout désir non reconnu ou non satisfait entraîne un conflit interne et fait naître les tensions y afférents. La plupart d'entre nous avons appris à gérer ces appétences et ces aversions, à composer avec ou à remettre à plus tard nos besoins. Pour gérer nos pulsions inconscientes, nous aurons souvent recours à des mécanismes inconscients, les mécanismes de défense du moi.

Mais certaines personnes ne supportent pas leurs conflits internes et s'empressent de les expulser vers l'extérieur sous forme de délires, de projections ou de passages à l'acte. Les pervers en font partie. Par des mécanismes de défense particuliers que nous allons étudier, ils parviennent à projeter leurs pulsions dans l'autre et ainsi à s'en débarrasser à ses dépens.

## Pulsion et perversion

Le terme de perversion provient du latin *per vertare* qui signifie invertir, changer le sens. Il peut y avoir perversion lorsque l'on change le but ou l'objet « normal » d'une pulsion. Nous parlerons alors de perversion du but ou de l'objet.

Par exemple, pour dégager la notion de perversion sexuelle, nous devons d'abord définir le but et l'objet d'un rapport amoureux. Certaines religions exigent qu'un rapport sexuel ait pour seul but la procréation à l'intérieur des liens sacrés du mariage. Dès lors, selon leurs points de vue, tout rapport amoureux qui échapperait à ce but ou qui serait consommé en dehors du mariage serait pervers. On le voit, la morale et la règle ne suffisent pas à définir la perversion et il convient à chacun d'en explorer ses limites. Si l'on retient comme définition du rapport sexuel « une recherche de plaisir entre deux adultes consentants », soit il y aurait perversion du but dès lors que l'objectif serait autre que la recherche de plaisir partagé (souffrance, domination, asservissement, etc.), soit, il y aurait perversion de l'objet dès lors qu'il ne s'agirait pas d'un adulte consentant.

## Où vont nos pulsions ?

### Les mécanismes de défense

Dans la topique freudienne[1], les mécanismes de défense sont une partie du moi, plus précisément la partie inconsciente du moi. Le névrosé refoule ses pulsions hors du champ de la conscience, « il les oublie », dès lors qu'elles entreraient en conflit avec ses valeurs morales. Elles sont refoulées dans la partie inconsciente du psychisme. Mais les pulsions menacent de s'infiltrer de nouveau dans la conscience. Les mécanismes de défense peuvent permettre de gérer inconsciemment les pulsions, voire de les dégager sans avoir recours au but initial.

#### Apprendre à maîtriser ses pulsions

Lors d'une dispute conjugale violente, au lieu de refouler son agressivité, on peut casser des assiettes plutôt que frapper son partenaire. À l'objet partenaire, est substitué l'objet assiette : on utilise alors un mécanisme de défense appelé *substitution*. On peut aussi changer le but et l'objet de notre violence,

1. Topographie du psychisme.

on utilise alors le mécanisme de défense nommé *déplacement*. On peut démonter l'appareil ménager qui est en panne, sortir les pièces défectueuses et les réparer ou encore faire le ménage, s'en prendre à la poussière et jeter les objets qui nous semblent inutiles. Le but et l'objet sont alors interchangeables à volonté. Ce qui compte, c'est de dégager de l'énergie sans avoir recours au but initial et de ne pas entrer en conflit avec nos valeurs morales inconscientes. Certains mécanismes sont adaptés à une attitude « correcte », certains sont pathologiques. Certains permettent de dégager de l'énergie psychique, d'autres non.

Lors d'un conflit, une personne peut fantasmer sa pulsion et revivre de façon récurrente une scène génératrice d'angoisse. Par exemple, après s'être fait agresser par son chef de service et être resté muet, Salvador, de retour chez lui, revit la scène, mais dans son imagination, dit tout le mal qu'il pense de lui à son supérieur. Dans son fantasme, Salvador se donne alors le beau rôle. Mais ce mécanisme de défense ne lui permet pas de se dégager de son angoisse et de plus, est coûteux en énergie.

Nous utilisons tous des mécanismes de défense qui peuvent être typiques de la névrose, de la psychose ou des perversions. Toutefois, le névrosé peut ponctuellement utiliser des mécanismes pervers ou psychotiques. Le pervers, quant à lui, utilise généralement le même type de dispositifs, des mécanismes souvent projectifs ou fondés sur le déni.

Le moi compose entre les désirs du ça, les interdits du surmoi et le monde extérieur. Pour décharger de la pulsion, le moi utilise des mécanismes inconscients : les mécanismes de défense du moi.

- Le *ça* (instance pulsionnelle) est totalement inconscient. Tel le petit enfant, il est dirigé par le principe de plaisir. Il ne connaît ni loi, ni interdit. L'instance pulsionnelle est formée de nos désirs, de nos besoins, de nos émotions, de nos souvenirs refoulés et tend naturellement vers l'expression de ses énergies.

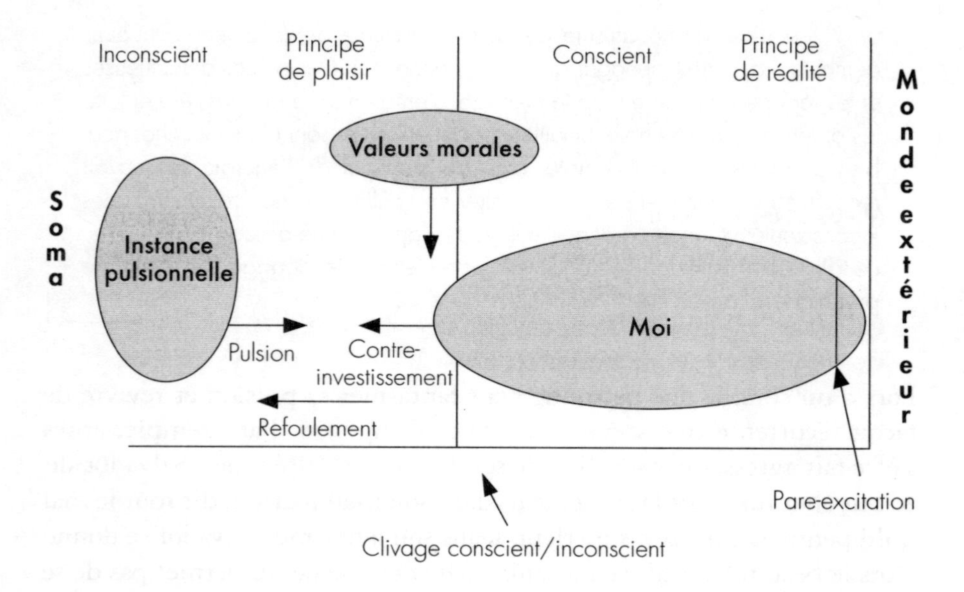


- Le *surmoi* (les valeurs morales) est essentiellement inconscient. Il contient, outre nos valeurs morales, les valeurs idéalisées de nos éducateurs. Il impose au moi de s'opposer à toute pulsion contraire à ses valeurs.
- Le *moi* est essentiellement conscient, il est régi par le principe de réalité. La partie du moi inconsciente contient les mécanismes de défense. Si la pulsion entre en conflit avec les interdits du surmoi, « le moi, par mandat du surmoi, s'oppose à la pulsion incitée dans le ça », écrit Freud. Pour cela, le moi émet une énergie de force égale et de sens opposé à la pulsion, le contre-investissement et oblige au refoulement de la pulsion. Le refoulement est donc l'ajournement d'une pulsion ou d'une information, si cette excitation entre en conflit avec les valeurs morales du surmoi ou si elle met, par sa trop forte tension, le psychisme en danger. La pulsion est alors refoulée dans l'inconscient. Comme elle est énergie psychique et vectrice de tension interne, elle devra trouver un

chemin d'expression pour sortir de l'inconscient. Ces chemins seront le rêve, l'expression de nos pulsions durant le sommeil, les lapsus, les actes manqués, les symptômes névrotiques ou les somatisations.

**Mieux vivre un deuil**

Un an après la perte de sa mère, Sophie assiste à l'agonie de son père. Ne pouvant y faire face, elle ne reste pas à ses côtés et se réfugie chez elle. Quinze ans plus tard, elle entame une psychanalyse au motif d'une tristesse incompréhensible et de pleurs récurrents. Après quelque temps d'analyse, elle confie : « Dans une sorte de rêve éveillé, je viens de revivre la mort de mon père, je revoyais son regard vide. J'ai ressenti une tristesse que je ne m'étais pas autorisée à ressentir à l'époque et j'ai beaucoup pleuré. »

Ce phénomène est nommé abréaction en psychanalyse, réaction *a posteriori*. Pour se protéger, Sophie avait ajourné et refoulé sa souffrance et ce n'est qu'après avoir récupéré suffisamment d'énergie lors de son analyse qu'elle a enfin pu s'autoriser à vivre son deuil et donc à se libérer de ses tensions internes.

## Que faire de ses pulsions mortifères ?

Il faut d'abord faire un travail sur soi pour en prendre conscience. Ensuite, il est peut-être de notre responsabilité de réfléchir aux grandes valeurs qui étayent nos convictions, de chercher à connaître leurs origines et leurs véritables objectifs. Par exemple, la première loi pourrait être : « Tu ne tueras point. » Ayant compris et intégré cette loi, je décide de ne pas acheter d'arme et de ne pas tuer ceux qui me dérangent. Aussi, je vais devoir trouver d'autres moyens pour évacuer mes pulsions mortifères. Si je veux manger de la viande, je devrai tuer des animaux ou payer un boucher pour qu'il le fasse à ma place. Dans ce cas, on parle d'action par procuration. Un végétarien qui pratique le bouddhisme, lui, expliquera qu'il n'utilisera pas d'insecticide car il refuse de tuer tout être vivant. Là encore, il appartient à chacun d'éprouver ses limites.

Le syndicalisme, le féminisme et bien d'autres mouvements permettent de lutter contre les injustices sociales et leurs effets pervers. Mais attention, ces actions peuvent être aussi le moyen d'exprimer nos conflits internes et finir par rendre les défenseurs semblables à leurs « adversaires » : on peut s'opposer à la violence exercée contre le taureau lors d'une corrida et projeter la nôtre contre le matador, être raciste envers les racistes, etc.

**Une révolte peut en cacher une autre...**

Julien, un patient syndicaliste a fait un lapsus révélateur lors d'une séance. Pour m'expliquer pourquoi il s'est syndicalisé, il énonce toutes les injustices dont il a été témoin et finit sa phrase en disant « et c'est pourquoi j'ai décidé de m'opposer à mes parrons ». Nous avons réfléchi à son lapsus. Il s'est avéré que « parrons » était le mélange de « parents » et de « patron ». Le mécanisme de défense employé était la substitution. Par substitution d'objet, en luttant contre son patron, il réglait ses comptes avec ses parents. Après son analyse, il est resté syndicaliste mais lutte maintenant pour le respect des règles sociales, ce qui est très différent.

Une analyse, ou toute autre thérapie que l'on aura choisie, permettra de nous aider à régler nos conflits internes. Alors, notre énergie pulsionnelle trouvera naturellement sa place au service de nos projets et de la société en fonction de nos valeurs essentielles.

## Le pervers et ses pulsions

Le premier mécanisme employé par le pervers est le passage à l'acte. Le pervers ne peut contenir ses pulsions, le passage à l'acte lui permet de les évacuer vers l'extérieur. Le pervers a entendu la loi, il sait que ce qu'il fait est répréhensible donc pour passer à l'acte, il va devoir dénier l'origine et la portée de ses actes et faire supporter à l'autre ce qui devrait être sa culpabilité.

## Le déni : « Qui aime bien châtie bien »

Le déni est un mécanisme de protection du psychisme qui oblige au refus de la réalité. Cette réalité peut être extérieure ou intérieure. Dans le cadre du deuil, nous le verrons, c'est l'information qui peut être déniée parce que la perte est vécue comme tout simplement insupportable.

### Trop dur à entendre

Après un examen, le médecin de Jeanne lui annonce qu'elle a un cancer. Elle lui répond : « Vous me rassurez docteur, j'avais si peur d'avoir un cancer. » L'information est tellement insupportable pour Jeanne, qu'elle est purement et simplement déniée, comme si elle n'avait pas existé.

Dans les pathologies du narcissisme, la réalité et les angoisses qu'elle génère peuvent être déniées tout comme les conséquences des actes. Par exemple, quand un pervers sexuel est démasqué, il explique que s'il a agressé une femme, c'est parce qu'elle était séductrice ou parce qu'elle portait une minijupe et que par conséquent, il n'est pas responsable de ses actes, que c'est elle qui est coupable. De la même manière, un parent violent envers son enfant peut utiliser l'adage « qui aime bien, châtie bien » pour justifier sa conduite et ses passages à l'acte violents. Le déni s'opère alors quant à l'origine de sa violence et quant aux conséquences de ses actes.

Le déni est différent du refoulement car celui-ci est un mécanisme de défense névrotique. Certes, le refoulement permet de dénier le conflit, mais le conflit est alors repoussé du champ de la conscience : il devient interne et inconscient. Dans le cas de Sophie qu'on a vu précédemment, l'angoisse liée à la perte de ses parents a été ajournée par le refoulement. Dans les cas du pervers sexuel ou du parent violent, la responsabilité qui pourrait générer de la culpabilité est déniée, elle n'existe pas.

À l'exception de quelques cas rares, comme le deuil, le déni appartient à la psychose et aux pathologies limites. Dans le déni, le conflit est nié, non avenu. Le déni, à la différence du refoulement, est anticonflictuel. Le pervers utilise le déni pour nier ses responsabilités ainsi que la réalité de ses actes. Comme le déni ne suffit pas pour faire face au surmoi, le pervers projette dans l'autre ce que serait sa culpabilité en le culpabilisant.

Si le pervers ne procède pas au refoulement de ses désirs, ce n'est pas parce qu'il ne connaît pas la loi, c'est parce qu'il n'est pas capable d'ajourner ses désirs. Il ne supporte ni l'ajournement de ses pulsions, ni le conflit interne lié à sa culpabilité qu'engendreraient ses passages à l'acte s'il s'en sentait responsable. Pour passer à l'acte, le déni des valeurs morales ne suffit pas. Le pervers doit aussi se couper en deux, garder sa bonne image, projeter vers l'extérieur sa part mauvaise et la faire porter par un autre.

**Charmant en apparence...**

Magali, mariée à Frank, confie : « J'avais remarqué que quand nous recevions des amis à lui ou que nous allions chez eux, Franck était charmant et nous pouvions passer une très bonne soirée. Un de ses amis lui aurait confié qu'il me trouvait très belle et aurait ajouté : "Ça se respire comme elle t'aime !" À l'inverse, chaque fois que nous rencontrions mes amis, il en profitait pour faire un scandale, généralement, selon lui, par ma faute… »

Nous pouvons tous être traversés par des pulsions négatives (agressives ou autres). Nos valeurs morales et l'image que nous aimerions garder nous en empêchent et nous devons trouver d'autres voies d'évacuation que le passage à l'acte. En séparant leurs milieux (mes amis/ses amis), Franck protège « son milieu », y conserve une bonne image et utilise la présence de sa femme pour se revaloriser. À l'inverse, il n'hésite pas à souiller l'image de sa compagne dans son propre monde et l'en rend responsable. En agissant ainsi, Franck garde une bonne image auprès de ses amis qu'il conservera en cas de rupture et se décharge de ses pulsions quand il fréquente les amis de Magali, tout en la culpabilisant. Pour s'en sortir, après leur séparation, Magali devra même se couper de certains de ses amis qui la tiennent pour responsable des souffrances que Franck leur a dit avoir traversées.

## Clivage et identification projective

### *Le clivage*

L'être humain est par essence divisé. Le seul fait d'avoir un inconscient le démontre. D'où viennent ces rêves nocturnes ? Pourquoi, lors de la production d'un lapsus ou d'un acte manqué, commet-on une action inverse à celle désirée ? Quelle est l'origine des symptômes psychiques ou psychosomatiques ? Comment s'installent la culpabilité ou la souffrance morale ? Tous ces exemples démontrent l'existence d'une logique inconsciente. Mais si le clivage peut être « vertical » (conscient/inconscient), il peut être aussi « horizontal » et couper la personnalité en deux. À l'extrême, c'est la dissociation, comme pour le Docteur Jekyll et Mister Hyde. Plusieurs personnalités qui ne se connaissent pas coexistent dans une seule personne. Jekyll est la bonne personne et Hyde la mauvaise. La dissociation de sa personnalité et la schizophrénie qui en découle permettent à Jekyll de rester un bon sujet, le bon enfant que l'on attendait qu'il soit. Pour les mauvaises pulsions, Hyde s'en charge...

Comme nous l'avons vu, le pervers ne refoule pas sa pulsion dans son inconscient : lui, se coupe en deux. Le moi clivé permet, quant à lui, le passage de la pulsion tout en conservant une partie « saine », ainsi, deux moi co-existent, l'un sain, l'autre malsain. La partie malsaine sera projetée vers l'extérieur. Pour le pervers, l'identification projective lui permettra d'expulser ce qui serait de la culpabilité chez le névrosé, en culpabilisant l'autre. Encore une fois, la victime est posée comme responsable de ce qui lui arrive.

**Infidélités**

Jacques raconte : « Pierrette avait été infidèle avec chacun de ses conjoints. D'ailleurs, elle m'avait expliqué que sa mère trompait son père et qu'elle n'hésitait pas à abandonner sa famille quand elle rencontrait un nouvel amant. Pourtant, elle affirmait que la fidélité était essentielle dans un couple. Elle supposait que, comme tous les hommes, j'étais volage. Un jour, elle m'a dit : "Nous n'avons pas les mêmes valeurs (sous-entendu, tu es infidèle), aussi tu comprendras qu'il est normal que je te trompe". »

Pierrette est clivée : une partie de son surmoi possède des valeurs de fidélité et une autre des valeurs inverses. Pierrette se donne un air de respectabilité en exposant de bonnes valeurs. Ensuite, elle fait porter ses propres travers à Jacques. Elle fait donc endosser à son compagnon ses propres valeurs qu'elle ressent comme négatives par identification projective pour pouvoir passer à l'acte et être infidèle tout en étant en total désaccord avec les valeurs qu'elle défendait au départ. En projetant ses « mauvaises valeurs » sur Jacques, elle l'en rend ainsi responsable et se dégage de la responsabilité de ses actes.

## *L'identification projective*

L'identification est un mécanisme normal qui sert à l'expansion du moi de l'individu. Tour à tour, l'enfant aimerait ressembler à papa et à maman. Il dépassera ce mécanisme quand il sera en mesure de se dissocier du monde qui l'entoure et d'intégrer comme siens ses propres traits de caractère. Le pervers narcissique possède mais ne supporte pas certains traits acquis de ses parents, il les ressent mais ne veut pas les intégrer. Pour s'en débarrasser, il va devoir les attribuer à l'autre.

« L'identification projective est un fantasme dans lequel un sujet projette une partie de lui-même dans l'autre espérant se débarrasser de ses pulsions vécues comme indésirables, cherchant à nuire, à posséder et à contrôler cette autre personne[1]. » C'est ainsi que le pervers accuse sa victime et la rend responsable de ce qui lui arrive. Après s'être débarrassé de ses pulsions, il projette ce qui devrait être sa culpabilité dans sa victime, conserve et donne l'illusion d'être quelqu'un de bien, voire même d'être la victime.

**Projeter son propre ressentiment sur l'autre**

Franck, qui partage en alternance la garde de sa fille, amène son enfant à l'école. Quand il arrive devant l'établissement scolaire, il apprend que l'instituteur est malade et que l'école ne peut accepter sa fille. Franck appelle alors son ex-femme, la mère de l'enfant, et lui demande de reprendre sa fille. Quand elle lui répond qu'elle ne pourra pas s'occuper de l'enfant car elle a prévu autre chose, Franck lui dit plein de rage : « Tu te décharges sur moi de ton incapacité à t'occuper de notre fille. » Plutôt que de gérer seul la situation ou de reconnaître qu'il est dérangé par son enfant, il attribue son incapacité à son ex-femme et projette sur elle sa rage liée au refus qu'il vient de subir

Quand Pierrette se sent mal, y compris sans raison, elle peut appeler Jacques et lui dire : « Tu es une ordure... Tu es égoïste...Tu es toxique... » En parlant ainsi, il est vraisemblable qu'elle décharge en lui ce qu'elle ressent d'elle-même, soit du fait de ses passages à l'acte, soit du fait de l'image qu'on lui a renvoyée durant son enfance. Pour se soulager, Pierrette utilise le mécanisme de l'identification projective en attribuant ce qu'elle pense d'elle-même à son partenaire et en le dévalorisant.



1. Ionescu S., Jacquet M.-M., Lhote C., *Les mécanismes de défense*, Nathan Université, 1997.

## Le cas Vanessa : la naissance d'une sirène

Vanessa est née un an après Vanessa, sa sœur aînée, morte à la naissance.

On imagine bien tous les soins qui ont entouré l'enfant. À peine a-t-elle faim que déjà la source de son désir est là pour la satisfaire. À cet âge, Vanessa n'éprouve que peu de sentiments distincts, la satisfaction quand le sein est là pour la nourrir ; la colère en réponse à la frustration quand elle est obligée d'appeler pour obtenir cette manne tant désirée. Colère? Les psychanalystes parlent de haine. En effet, l'enfant sait que la non-réponse à sa demande de nourriture est synonyme de mort et sa réaction est proportionnelle à l'angoisse, elle-même en rapport avec le danger encouru. Et la mort du nourrisson, chez Vanessa, on connaît... Aussi, n'a-t-elle généralement que le temps de penser son désir pour qu'il soit satisfait.

On peut imaginer la haine que Vanessa va développer lors du sevrage, lorsque ce sein qu'elle a si longtemps vécu comme sien va lui être enlevé. Elle va le vivre comme un arrachement et nourrir une haine féroce contre sa mère, en même temps qu'elle prendra conscience de sa dépendance envers elle. Cette angoisse de mort des premiers temps de sa vie va évoluer vers une angoisse très forte, une angoisse d'abandon.

En effet, même dissociée d'elle, Vanessa sait que tant que sa mère sera à ses côtés, elle sera toujours en sécurité. À condition de contenir sa haine qui pourrait faire fuir sa mère ou pire, la blesser. Haine qui deviendra viscérale en même temps qu'elle passera progressivement d'une phase dite orale, période où l'essentiel de son rapport au monde se fait par la bouche à une phase dite anale où par l'accession à la propreté, Vanessa pourra fantasmer maîtriser sa mère en choisissant de répondre ou de ne pas accéder à son désir et en lui offrant finalement ce cadeau apparemment tant attendu...

**Étude de cas :**

*Question 1* : Qu'est-ce qui, dans ce texte, évoque le déni dans la famille de Vanessa ?

Chapitre 2

# La parole, terrain de prédilection du pervers narcissique

*« Le terrain de prédilection, l'instrument majeur de la perversion narcissique... c'est la parole. »*

Paul-Claude Racamier[1]

*« Le langage est son arme, plus redoutable peut-être que les violences physiques. Il s'en sert pour obtenir l'assujettissement de son partenaire. »*

Simone Korff-Sausse[2]

*« Il se rabattra sur les mots pour détruire toute personne susceptible de réveiller en lui sa faille identificatoire. »*

Alain Ksensée[3]

1. Racamier P.-C., « De la perversion narcissique », Revue *Gruppo* n° 3, 1987.
2. Korff-Sausse S., « La femme du pervers narcissique » in « La perversion narcissique », *Revue française de psychanalyse*, PUF, 2003.
3. Ksensée A., « Hystérie et perversion » in « La perversion narcissique », *Revue française de psychanalyse, op. cit.*

## La symbolique des mots

Ma grand-mère appelait les gendarmes les « hirondelles ». Ainsi, lorsqu'elle me parlait d'hirondelles, je devais entendre gendarmes. Ce double sens peut être utilisé de différentes façons. Il peut être culturel : en Afrique du Nord, on parle de « gazelle » pour qualifier une jeune femme ou dans les villes françaises, on dit une « pervenche » pour désigner une contractuelle. Dans le cas de ma grand-mère, cela pouvait cacher une crainte de l'uniforme. Il est vrai qu'elle avait vécu les deux dernières guerres dans le Nord-Est de la France[1]. Les comiques utilisent le jeu de mots pour nous faire sourire, certains éducateurs ou philosophes s'en servent pour nous obliger à réfléchir. Les poètes en jouent pour nous émerveiller. Le pervers narcissique, lui, abuse largement du double sens des mots et de la paradoxalité qu'il engendre. Cela lui permettra d'assujettir sa victime, de la retenir et de la dévaloriser et ce sera aussi pour lui une source de jouissance.

### Je t'aime, moi non plus

Jacques se souvient : « Si je voulais partir, elle me faisait de superbes déclarations d'amour. Si je voulais rester, elle m'expliquait que je n'étais pas quelqu'un de bien. Longtemps, je me suis interrogé sur ses déclarations. Était-elle sincère quand elle disait m'aimer ? J'ai été obligé d'admettre que ses déclarations n'étaient que des « âme-sons » destinées à me harponner quand ça l'arrangeait ou à me blesser si ça lui plaisait. Elle ne faisait que vérifier sans cesse sa toute-puissance. »

1. Un des rôles des psychanalystes est de repérer ce qui se dit au-delà des mots signifiés et le cas échéant de restituer les problématiques signifiantes à leurs patients.

## Le mot, porteur d'informations

Le but d'un mot est de véhiculer une information. Toutefois, un mot produit un effet dont le locuteur n'est pas forcément responsable. Par exemple, annoncer le décès de quelqu'un produira sûrement une tristesse chez l'interlocuteur et, on le comprend bien, la personne qui annonce la nouvelle n'en est pas responsable.

On parlera donc de perversion en fonction du but, donc de l'intention du locuteur. Utilise-t-il un mot pour véhiculer une information ou bien pour obtenir un effet, pour blesser ou manipuler l'autre ?

### Une histoire sans fin

Pierrette annonce à Jacques que leur histoire d'amour est terminée : « Regarde-moi bien dans les yeux, c'est fini nous deux... » Jacques reçoit l'information comme un coup de fusil. Il part de chez elle la mort dans l'âme. Le lendemain, Pierrette appelle Jacques : « Mais, pourquoi es-tu parti, tu m'as abandonnée, tu devrais te battre, si tu es prêt à me perdre alors tu ne vaux pas le coup. »

On le voit, pour Pierrette, les mots ne servent pas à véhiculer des informations, mais à produire des effets, à blesser et à manipuler son ami. Elle joue avec sa propre angoisse d'abandon, la transfère sur Jacques qui en devient porteur, puis l'en rend coupable et responsable, ce qui lui permet de se poser en victime et donc d'éviter toute culpabilité liée au chaos qu'elle installe dans leur couple.

### Jaloux et infidèle

Franck est d'une jalousie rare. Magali se souvient : « Un jour, nous étions devant un cinéma et il a remarqué qu'un homme me regardait. Il m'a alors donné un grand coup de coude dans les côtes en me traitant de perverse et en m'expliquant que je faisais tout pour être regardée. Un an plus tard, il me quittait pour une autre femme avec qui il entretenait une relation depuis quelque temps. Avant de partir, il ne s'est pas privé de me rappeler tout le mal qu'il pensait de moi, mal qu'il n'avait cessé de me dire tout au long de notre relation. »

Pour Franck aussi, en jouant avec les mots, son bénéfice est considérable : manipulation, domination et identification projective lui permettent d'exprimer ses angoisses tout en les faisant porter par sa femme, en l'en rendant coupable et en lui faisant supporter ainsi son malaise lié à la mauvaise image qu'il a de lui. Ainsi, c'est elle qui est mauvaise, pas lui. De plus, il se défoule de ses pulsions en agressant sa femme et justifie, en la traitant de perverse, son passage à l'acte agressif et plus tard sa propre infidélité. Franck ne se sent pas aimable et plutôt que de chercher à s'élever, il préfère rabaisser sa compagne. De cette manière, il se soulage de ses propres tensions en les transmettant à sa femme.

## La communication paradoxale[1]

### Le détournement de la parole

Voici une impasse-devinette : « À quoi vous ne pouvez cesser de penser, sans rien pouvoir en penser ? Réponse : une impasse paradoxale[2]. »

Le pervers communique de façon paradoxale ce qui va lui permettre d'assujettir sa victime. En perdant son souffre-douleur dans un dédale d'informations contradictoires, il l'empêchera de prendre de la distance, de penser et de réagir sainement.

1. Voir Watzlawick P., Weakland J., Fisch R., *Changements : paradoxe et psychothérapie*, Points Seuil, 1981.
2. Racamier P.-C., *Les schizophrènes*, Payot, 2001.

**Des messages contradictoires**

Jacques raconte : « Elle me disait : "J'aime ton noyau mais pas ton cytoplasme." Si je la quittais, j'avais l'impression de lui retirer ce qu'elle semblait aimer. Si je restais, je lui imposais ce que je suis, du moins dans son discours. Tout ce que je disais ou faisais était détourné de son sens. Je sortais avec des amis, forcément je la trompais. Je lui racontais une blague, elle me disait que je me moquais d'elle. J'ai fini par faire très attention à ce que je disais. Alors elle m'a reproché : "Tu n'es pas naturel ! Sois naturel !"

Après nous être enfin séparés, nous nous sommes revus. Elle m'a dit : "Je t'aime mais j'étais mal avec toi et je voulais te quitter." Lorsque je lui ai fait remarqué que j'avais essayé de la laisser et qu'elle m'avait retenu, elle m'a répondu : "J'étais lancée à 200 km/h et je voulais construire avec toi..." Ainsi, en deux phrases, elle venait de me dire : "Je t'aime, mais je suis mal avec toi... je voulais te quitter mais construire avec toi." Heureusement, grâce à la distance qui s'était établie, j'ai pu facilement repérer la toxicité de tels propos. »

Voici un exemple de phrase paradoxale : « Tout ce que je dis est mensonge. » Si ce que j'énonce est vrai, alors je suis un menteur. Si c'est un mensonge, alors je dis la vérité. La communication paradoxale a d'abord été étudiée par des chercheurs américains : Bateson (1956), Weackland et Jackson (1960) et Watzalawick (1967), puis par les psychanalystes Searl[1] et Racamier[2].

La paradoxalité entraîne un blocage des actes, de la pensée, des sentiments et de la perception de la réalité. Les injonctions paradoxales empêchent une élaboration mentale correcte. Le sujet qui en est victime, s'il y adhère, perd peu à peu le sens de la réalité.

1. Searles H., *L'effort pour rendre l'autre fou*, Folio Essais, Gallimard, 2003.
2. Racamier P.-C., *Les schizophrènes*, *op. cit.*

**Cyril ne sait plus quoi faire**

Cyril, cinq ans, va chez ses grands-parents. Il a peur de son grand-père et ne le salue pas. Le grand-père très en colère crie : « Tu pourrais venir m'embrasser quand même ! »

Les mots disent « échangeons un acte de tendresse ». Le ton, lui, montre de la colère. L'enfant subit une double contrainte. S'il refuse d'embrasser son grand-père, il est mauvais et responsable de la colère du grand-père. S'il accepte, il se met en danger. Quel que soit son choix, celui-ci est mauvais. Doit-il croire ses sens ou ce que lui dit son grand-père ? Il ne pourra obtempérer qu'en déniant à son tour une partie de la réalité.

Il est pétrifié, mais il finira par s'exécuter. Bien que Cyril soit propre, il devra porter de nouveau des couches quand il séjournera chez ses grands-parents.

Pour Paul-Claude Racamier, « le mode paradoxal affecte le jeu relationnel. Il perpétue une relation fascinante et paralysante ». L'agresseur dirait : « Choisis entre ton moi et moi[1] ! »

Par ses injonctions paradoxales, le pervers affaiblit le moi de sa victime qui ne sait plus où est la réalité. Alors, disqualifications et projections permettront à l'agresseur de transférer ses propres conflits dans l'autre, évitant ainsi d'entrer en dépression. Le paradoxe est aussi pour lui objet de plaisir et de toute-puissance. Il y a érotisation des défenses perverses c'est-à-dire que le pervers éprouve du plaisir à la manipulation. L'autre est en pleine confusion, alors que l'agresseur sait très bien où il en est. Plus il le dévalorise, plus il se sent bien, plus il le « paradoxique », plus il se sent fort.

1. Racamier P.-C., *Les schizophrènes*, *op. cit.*

**Le plaisir de blesser l'autre**

Gabriel, l'ex-ami de Vanessa celle que nous découvrons au fur et à mesure de son évolution, se souvient : « Vanessa m'a raconté comment elle avait annoncé à son premier mari qu'elle le quittait : « Nous étions sur l'autoroute, nous revenions de chez des amis, nous avions passé une très bonne soirée. À la station-service, je lui ai dit : "Je te quitte pour un autre." Il est devenu blanc. »

Gabriel sent un certain plaisir chez Vanessa à l'évocation de cette scène, il lui demande : « Tu as ressenti une jouissance à sa réaction ? » Elle lui répond : « Oui. Comment le sais-tu ? »

## Le détournement des circonstances : la prescription et l'utilisation d'un contexte

Le pervers ne détourne pas seulement la parole mais aussi les circonstances. Il joue avec les éléments extérieurs pour manipuler son entourage. Pour justifier ses passages à l'acte et ses dévalorisations, il peut prescrire ou utiliser un contexte pour se donner un air de respectabilité, se positionner en victime ou en donneur de leçon, c'est-à-dire qu'il va créer les circonstances qu'il reprochera ensuite à sa victime.

**De grands manipulateurs**

Jean-Pierre dirige une pépinière. Sur son lieu de travail, il passe à côté d'Estelle et lui fait remarquer que là où sont placés les bambous, ils risquent de s'abîmer à cause du soleil. Consciencieuse, Estelle déplace les pots très lourds. Le lendemain, elle se plaint de douleurs dorsales. Jean-Pierre lui dit : « Tu es mauvaise, je t'ai observée hier, tu t'y prends mal. Pas étonnant que tu souffres aujourd'hui. »

Jean-Pierre a observé Estelle et plutôt que de l'aider ou de la conseiller, il l'a laissée se faire du mal.

Ainsi, au lieu de la féliciter pour son esprit consciencieux, il lui dit : « Tu es mauvaise… » Jean-Pierre prescrit puis utilise le contexte pour pouvoir dévaloriser ses salariées.

Peu de temps après leur séparation, Pierrette s'inscrit à un stage de théâtre où elle sait qu'elle retrouvera Jacques qui cherche à se reconstruire auprès de ses amis. Sur place, pour l'humilier, elle tente de séduire chacun des hommes devant Jacques. Quand Jacques se mettra en colère, elle dira : « Vous voyez bien que c'est lui qui va mal. » Pierrette a créé volontairement les circonstances qui nuiront à Jacques et le feront « craquer » en public. Heureusement, la plupart des amis de Jacques qui ne trouvaient pas de bénéfice à entrer dans le jeu de Pierrette ne seront pas dupes et le lui feront savoir.

Quand un pervers entre dans un groupe, il arrive souvent qu'une partie du groupe devienne perverse et que la communauté se coupe en deux. On peut ainsi repérer au sein du groupe le clivage et les perversions qui, à l'origine, appartenaient au pervers et qu'il a su externaliser en utilisant et en manipulant une partie des gens.

## Vanessa : De Charybde en Scylla

Vanessa se remet à peine de cette première blessure narcissique que fut le sevrage.

Toutefois, en même temps qu'elle prend conscience de son image dans le miroir, elle sait bien qu'elle est toute-puissante dans le regard de ses parents, que rien, plus que son sourire et son image, ne pourraient les faire revenir à ses côtés. Bébé est alors le centre d'intérêt de la famille. Vanessa est reine, si reine qu'elle ne voit pas le ventre de sa mère s'arrondir. Quand neuf mois plus tard naîtra un petit garçon, le monde de Vanessa va à nouveau s'écrouler. En effet, les regards vont se détourner d'elle pour se porter sur ce petit être, qui, elle s'en apercevra plus tard, possède un petit plus, peut-être responsable du soudain désintérêt qu'on lui porte. À la haine due au sevrage, s'ajoute la perte de son « phallus[1] » narcissique et celle due à la désillusion de ne pas posséder ce plus qu'elle pense être l'origine de l'intérêt porté à cet autre. La haine de Vanessa devrait être tournée contre sa mère. Or du fait de l'angoisse d'abandon et de la culpabilité due à ses pulsions, Vanessa trouvera un grand bénéfice à détourner cette haine contre le petit frère, responsable de son naufrage et à reporter son amour formidable vers le père qu'elle pense esseulé par la présence du garçon auprès de la mère qui se dévoue totalement à son enfant.

Quand trente ans plus tard, son frère alors jeune papa, aura un accident dont il ressortira indemne mais où son petit garçon perdra la vie, Vanessa ressentira une intense culpabilité : « Je l'ai tellement haï, qu'il a fini par payer… »

Toute sa vie, Vanessa restera fixée sur la pensée magique des premiers moments de sa vie où il lui suffisait de penser son désir pour qu'il se réalise.



1. En psychanalyse, le phallus est un objet de pouvoir.

**Étude de cas :**

*Question 2* : La pensée magique est un des traits communs aux pathologies du narcissisme. Où peut-on repérer la genèse de ce type de pensée dans l'évolution de Vanessa ?

---

Chapitre 3

# Fragile Narcisse

Le pervers narcissique, souvent à l'instar de sa victime, souffre d'une faille narcissique, c'est-à-dire d'un manque de confiance en lui et en son image. Il ne se sent pas aimable, il n'a pu trouver de reflet suffisamment bon dans son enfance pour se rassurer et se construire. Pour compenser, il développe une image démesurée de lui-même. Ainsi, cohabitent en lui, paradoxalement, une faible estime de soi liée à son chaos intérieur et une haute idée de son image qu'il lui conviendra de maintenir à tout prix, en surjouant son personnage ou en dévalorisant les autres.

## L'image de soi

Le narcissisme est l'amour que l'on se porte à soi-même, la conception que l'on se fait de soi et de comment les autres nous perçoivent. Le narcissisme est lié à une image, une idée, une impression de soi. Les psychologues parlent d'estime de soi.

Dans la mythologie grecque, Narcisse (né d'un viol) est amoureux de la nymphe Écho. Celle-ci meurt avant qu'ils n'aient pu se déclarer leur flamme. Se croyant incapable d'aimer et de se faire aimer, Narcisse reporte son amour sur lui-même et prend l'habitude d'aller admirer son reflet dans l'onde d'une mare. À force de s'y pencher, il tombera dans l'eau et s'y noiera. À cet endroit poussera une fleur qui porte son nom, le narcisse.

## « Le narcissisme dérobé aux objets »

On peut se sentir plus important lorsque l'on possède une belle voiture, une bonne situation, une belle maison, un beau conjoint, de beaux enfants, etc. Freud parle de « narcissisme dérobé aux objets[1] ».

**Dévalorisation systématique**

Jacques me dit : « Pierrette choisissait toujours des amants en vue, médecins, notaires... À la fin de chaque histoire, elle partait en les dévalorisant et en les humiliant, en leur disant : "Tu es vraiment Monsieur Tout-le-monde." En ce qui me concerne, elle m'a dit : "Au début *on* croit que tu es quelqu'un de bien et que tu vas pouvoir nous aider, puis *on* s'aperçoit que tu n'es pas comme *on* l'aurait voulu. Tu es décevant." »

En choisissant des compagnons en vue, Pierrette tente de se renarcissiser puis ne se sentant pas à la hauteur, elle préfère les rabaisser que de chercher à s'élever.

Dans une relation amoureuse « normale », le regard amoureux et le narcissisme qui en découlent rejaillissent sur chacun des partenaires. Le

1. « Pour introduire le narcissisme » in *La vie sexuelle*, PUF, 2002.

pervers, lui, prendrait sans donner, selon Jacques Angelergues et François Kamel[1]. Paul-Claude Racamier explique : « Les pervers narcissiques ne doivent rien à personne, cependant tout leur est dû[2]. »

Lorsque le pervers dévalorise sa victime, par exemple quand il lui dit : « Tu es un imbécile… », son allégation présuppose plusieurs significations : tu es un imbécile et puisque j'ai pu le voir, je suis donc plus intelligent que toi. En dévalorisant l'autre, le pervers croit se revaloriser. Maintenant, il appartient à la victime de se justifier et de démontrer le contraire. Il sera alors si facile à l'agresseur de démonter ses arguments et ainsi de la maintenir et de l'enfoncer progressivement dans un chaos délétère, chaos qui à l'origine appartient au pervers, mais qu'il « expulse » chez l'autre pour s'en soulager tout en le culpabilisant. Ainsi, chaos et culpabilité appartiennent maintenant à la cible de ses injonctions. Il est important de noter que tant que la victime se justifie, elle laisse à l'abri l'agresseur qui n'est alors jamais mis en danger, faisant ainsi le jeu de l'offenseur.

## Fragilité narcissique structurelle ou conjoncturelle

Le futur agresseur repère une fragilité narcissique chez sa victime. Cette fragilité peut être structurelle : manque de confiance et d'estime de soi souvent lié à une enfance difficile. Elle peut être aussi conjoncturelle : nouvelle embauche, nouvelle rencontre, nécessité de faire ses preuves ou une erreur commise au début de la relation que le pervers ne manquera pas de mettre en exergue pour assujettir et culpabiliser sa victime.

1. Voir « La perversion narcissique », *Revue française de psychanalyse*, PUF, 2003.
2. Racamier P.-C., « De l'agonie psychique à la perversion narcissique », *Revue française de psychanalyse*, n° 50, PUF, 1986.

Nous l'avons vu, le pervers profite d'une faille narcissique chez sa victime, pour la soumettre. Par ses critiques, il devient « détenteur » de l'image de sa proie. Tant que le souffre-douleur colle au discours du pervers, celui-ci détient le pouvoir et peut facilement le manipuler.

**Entre séduction et dévalorisation**

Dans sa pépinière, Jean-Pierre n'embauche que des femmes. Il leur impose le tutoiement et les appelle « mes chéries » créant ainsi un environnement affectif propice à la confusion et aux passages à l'acte pervers. Ensuite, il alternera tentatives de séduction et dévalorisations, le plus souvent machistes.

Jean-Pierre profite de leur besoin de travailler et de faire leurs preuves pour harceler ses salariées et utilise le lien de subordination comme « prothèse phallique ».

## Est-il mauvais d'aimer son image ?

Avoir une bonne estime de soi est un atout dans la vie. Elle procède d'une image suffisamment bonne qui nous a été renvoyée durant l'enfance, mais aussi d'éléments que nous avons puisés autour de nous, notamment au travers de l'image que nous nous sommes faite de nos parents. Mais si la création de son image est une étape nécessaire dans l'évolution de l'individu, elle devra être dépassée.

Le mot « personne » vient du grec *persona* qui veut dire masque. Les gens trop préoccupés par leur image ont du mal à être naturels. Ils ne peuvent pas vraiment avoir de valeurs, d'idées propres, de véritable personnalité. Quand ils parlent, ils ne peuvent dire ce qu'ils ressentent, ils doivent dire ce qui doit être dit pour être intéressant. Leurs valeurs sont souvent les valeurs de l'autre ou du groupe. De la même façon, il leur est difficile de vraiment rencontrer les autres, ils entretiennent souvent des relations superficielles, quand ils ne se coupent pas du monde dans les cas les plus extrêmes.

Pour pallier cela, il nous appartient de nous rencontrer nous-mêmes, de réfléchir à nos propres valeurs et d'accepter d'être tels que nous sommes, avec nos défauts et nos qualités, quitte à perdre une partie de notre entourage. Ce sera le premier pas sur le chemin de la liberté et de l'épanouissement. Un proverbe zen dit : « S'étudier soi-même, c'est s'oublier soi-même. S'oublier soi-même, c'est être certifié par l'univers. » L'image de soi est comme une partie de l'échafaudage nécessaire pour construire une maison. Mais s'attacher aux étais une fois la maison construite est inutile, coûteux en énergie, pénible, voire pathologique.

## Pourquoi le pervers doit-il démontrer que sa victime est mauvaise ?

Le tort de sa victime est bien souvent d'avoir révélé au pervers narcissique la faille entre l'image qu'il veut montrer de lui et son ressenti intérieur. Le pervers se juge à travers les autres. Parfois sans le vouloir, la future victime met en exergue la médiocrité de l'image que l'agresseur a de lui-même. Alors, le pervers cherchera à rabaisser l'image de sa victime au lieu de se remettre en question.

### Trop consciencieuse

Rachel est embauchée comme commerciale dans une grande entreprise. Son chef de service est lui aussi commercial. Le tort de Rachel sera de bien travailler et d'obtenir de meilleurs résultats que son supérieur. Celui-ci ne cessera de la harceler. Quand elle ramène un contrat, elle n'a fait que son devoir. La moindre erreur (léger retard, oubli sans conséquence…) est aussitôt soulignée. Lorsque Rachel finira par faire une dépression, son chef de service dira : « Elle s'est mise en maladie. »

Quand ils ne le projettent pas sur lui, les pervers sont perpétuellement à la recherche du défaut chez l'autre, aussi, beaucoup de pervers finissent dans les griffes d'autres pervers ce qui sera très rassurant pour eux. Là, ils peuvent facilement repérer le symptôme sans besoin de projeter, comme nous le montrera l'histoire de Vanessa.

## Vanessa : La maman ou la putain

À la puberté, la mère de Vanessa lui demande de nettoyer la chambre de son frère pendant qu'elle s'occupe de la chambre du père. D'abord Vanessa refuse. Alors sa mère lui dit qu'elle le fera elle-même en plus de son travail. Vanessa se trouve devant une double contrainte : soit elle devient la bonne de son frère (sa femme ?) et soulage sa mère, soit elle charge sa mère d'un travail supplémentaire. Alors que c'est la mère qui la place devant cette double contrainte, Vanessa obtempérera et nourrira d'autant plus de haine contre ce jeune frère.

Parallèlement, elle voit sa mère souffrir. En effet, le père est un « cavaleur » notoire. Elle la verra se battre contre une rivale, puis surprendra son père sortant de chez une de ses maîtresses, secret qu'elle devra garder pour ne pas faire souffrir plus sa mère, se plaçant ainsi comme la complice du père et de ses passages à l'acte sexuel.

Paradoxalement, le père ne permet pas à sa fille de fréquenter des garçons. « Ma fille n'est pas une putain. »

Du fait d'un déménagement, Vanessa redouble une classe : « ... à douze ans, j'avais déjà une forte poitrine qui me donnait un air si femelle. Les enfants de ma classe m'appelaient Madame... »

À l'adolescence, Vanessa désire travailler pour se faire de l'argent de poche. C'est le père qui lui trouvera un travail de femme de chambre chez une dame très bien. En fait, la dame se trouve être une prostituée de luxe que Vanessa admire beaucoup pour sa capacité à se servir des hommes et pour sa liberté. Quand arrivée à la majorité, Vanessa quitte le foyer parental pour s'installer dans un petit appartement, son père refusera longtemps de la voir : « Ma fille est une putain... »

**Étude de cas :**

*Question 3* : Le pervers narcissique se débat contre des valeurs paradoxales. À quels types de valeurs amoureuses Vanessa est-elle confrontée ?

Chapitre

# Le pervers : un enfant dans un corps d'adulte

*« L'enfant est d'une indélicatesse et d'un égoïsme intolérables. Seuls lui importent son bon plaisir et la satisfaction de ses désirs ; que d'autres en souffrent ou non lui est indifférent. [...] Il est curieux de ce que d'autres veulent soustraire à son regard. [...] Il fait preuve de cruauté envers tout être vivant plus faible que lui et prend plaisir à détruire les objets. [...] Il exige impétueusement la satisfaction immédiate du moindre désir qu'il ressent et ne tolère pas le moindre délai. »*

Anna Freud[1]

Le pervers ne s'est pas totalement structuré, il a un comportement d'enfant. Anna Freud nomme l'enfant « pervers polymorphe » : il aurait tous les traits du pervers en lui qu'il refoulerait au fur et à mesure de son évolution. Nous allons observer dans ce chapitre ce que devrait être la structuration du psychisme durant l'enfance.

1. *Initiation à la psychanalyse pour éducateur*, Privat, 1986.

## Culpabilité et angoisse d'abandon

En grandissant, l'enfant se structure psychiquement. Dès les premières frustrations, s'élabore l'ébauche d'un moi qui va négocier entre ses désirs intérieurs et les possibilités offertes par l'extérieur.

Le surmoi sera la dernière instance psychique créée lors de l'évolution psychosexuelle de l'enfant. Selon Freud, le surmoi est l'héritier du complexe d'Œdipe. Il est une instance psychique essentiellement inconsciente qui contient nos propres valeurs morales mais aussi les valeurs parentales et sociétales que nous avons introjectées, c'est-à-dire empruntées à l'extérieur puis faites nôtres à l'intérieur.

Le non-respect des valeurs de son surmoi entraîne de la culpabilité, comme si le parent introjecté nous punissait de l'intérieur ou que le non-respect de ce « parent interne » générait de l'angoisse. C'est donc la formation de ce surmoi qui nous empêchera tout passage à l'acte inadéquat de nos désirs et nous obligera au refoulement ou au déplacement de nos pulsions dès qu'elles ne seront pas en conformité avec ce que nous avons retenu comme valeurs morales.

L'idéal du moi apparaît bien avant le surmoi qui survient vers six ou sept ans, période de résolution du complexe d'Œdipe. L'idéal du moi se crée dès les premiers interdits.

Avant, l'enfant n'est dirigé que par le principe de plaisir. S'il veut, il prend. Il ne connaît ni morale ni interdit. Quand son parent pose un interdit, l'angoisse de l'enfant est de perdre son amour. On peut dire que l'idéal du moi, c'est l'image que l'enfant pense devoir être[1] pour rester digne d'amour.

1. Ne dit-on pas à un enfant : « Sois sage, sage comme une image… »

L'idéal du moi coexiste avec un moi idéal. Si l'idéal du moi est fondé sur ce que l'on imagine être les valeurs de l'autre auxquelles on doit se conformer par identification pour rester digne d'amour et ne pas le perdre, le moi idéal serait ce que l'on doit être pour être en conformité avec ses propres valeurs et se réaliser pleinement. Un trop grand écart entre l'idéal du moi et le moi idéal (fidélité/infidélité chez Pierrette) entraînera de l'angoisse et une grande difficulté à agir face au paradoxe de valeurs opposées.

**Tu feras comme ton père !**

Georges voudrait exercer un travail en rapport avec la nature mais sa mère voudrait qu'il soit ingénieur comme son père. Après avoir réussi de hautes études et obtenu le diplôme d'ingénieur, il deviendra cantonnier dans un petit village. Georges a réussi à concilier un idéal du moi et un moi idéal opposés tout en restant équilibré.

Pour concilier des valeurs opposées de fidélité et d'infidélité, Pierrette ne peut avoir recours qu'à des mécanismes pervers. Quand Pierrette dit à Jacques : « nous n'avons pas les mêmes valeurs [tu es infidèle], il est donc normal que je te trompe », paradoxalement Pierrette semble dire que les valeurs de fidélité sont nécessaires pour établir une relation saine. Toutefois, elle a régulièrement vu sa mère tromper son père. Ses valeurs idéales et ce qu'elle a compris et intégré des valeurs parentales divergent totalement.

Par identification à sa mère, idéal du moi et moi idéal s'opposent complètement dans son cas, et ce n'est qu'en projetant certaines de ses valeurs paradoxales dans son « ami » et en l'en rendant porteur qu'elle peut justifier ses passages à l'acte à travers la vengeance, en les inscrivant dans le cadre d'une « légitime défense ». Des mécanismes particuliers comme le clivage et l'identification projective, c'est-à-dire l'attribution à l'autre d'une part de ses propres valeurs et désirs, lui sont nécessaires pour résoudre temporairement son paradoxe. Nous le verrons, le pervers narcissique n'ayant pu se créer d'image saine, n'est pas vraiment différencié de l'autre et peut ainsi se confondre avec lui, lui confier ses mauvais penchants et s'attribuer le « beau rôle ». En manipulant l'autre et en asseyant ainsi son pouvoir, il tente de se réunifier en faisant de l'autre sa chose, son prolongement. Si l'autre venait à disparaître, le pervers entrerait dans une angoisse terrible, comme si l'autre partait avec une part de lui.

Si le surmoi est œdipien, l'idéal du moi est narcissique. Le surmoi fait appel à des valeurs morales, l'idéal du moi à une image. Le non-respect du surmoi entraîne de la culpabilité. Le non-respect de l'idéal du moi entraîne une angoisse beaucoup plus forte, une angoisse d'abandon.

Du fait de sa structure infantile qui coexiste avec un moi encore faiblement structuré, l'idéal du moi est moins puissant que le surmoi pour ordonner le non-passage à l'acte et le moi trop peu développé pour s'opposer à la pulsion. Le petit enfant peut réprimer un désir en présence de son parent et être tenté par un passage à l'acte en son absence. S'il est surpris, il sera tenté par un déni ou par une projection : « ce n'est pas moi… » ou « c'est de la faute de l'autre… ». Par provocation, l'enfant peut aussi passer à l'acte devant son parent pour vérifier son amour ou son propre pouvoir.

« Le principe de plaisir, c'est-à-dire le besoin d'une décharge immédiate, est incompatible avec un jugement correct, lequel repose sur l'examen et l'ajournement de la réaction. Le temps et l'énergie épargnés par cet ajournement sont employés dans la fonction de jugement. Dans les premiers états, le moi faible n'a pas encore appris à ajourner quelque chose[1]. »

1. Fenichel O., *La théorie psychanalytique des névroses*, PUF, 1987.

Pour des raisons que nous envisagerons dans le chapitre 9 sur les origines de la perversion, le pervers narcissique n'a pas pu aborder le complexe d'Œdipe. Il se vit comme un enfant dans un corps d'adulte. Il n'a pas développé de surmoi, est mû par son idéal du moi et n'arrive pas à trouver ses limites. Il sera par conséquent facilement débordé par ses pulsions. Il recherche donc constamment à vérifier son pouvoir et reste porteur d'une angoisse massive d'abandon. Se vivant incomplet, il est sans cesse à la recherche d'une « prothèse phallique », c'est-à-dire d'un objet lui permettant de soutenir l'illusion de son pouvoir sur les choses et les événements.

## L'origine du besoin de pouvoir

Durant la vie intra-utérine, l'enfant n'aurait pas conscience de ses contours, il se vivrait un avec le reste du monde. Il serait contenant et contenu. À la naissance, ce sentiment perdure, il est le monde et le monde est lui.

Dès les premières frustrations, il y aura ébauche d'un moi. L'enfant appelle le sein et le sein ne vient pas. « Pour lui, le sein de la mère n'est qu'une partie de lui. [...] Il désire le sein pour l'amour du sein [...] qu'arrive-t-il si ses attentes ne sont pas satisfaites ? [...] Le bébé découvre sa dépendance envers sa mère[1]. » En grandissant, en même temps qu'il élabore son moi, il progresse vers l'altérité. Sa mère et lui ne seront plus un mais deux. Fantasmatiquement, il recherchera de nouveau la fusion, par identification à sa mère : « Si je suis comme elle, nous sommes pareils. »

Vers dix-huit mois, apparaît ce que Jacques Lacan nommera « le stade du miroir ». Auparavant, l'enfant ne se reconnaît pas dans la glace. Cette



1. Klein M., Riviere J., *L'amour et la haine : le besoin de réparation*, Payot, 2001.

période lui permet l'acquisition narcissique de son image en même temps qu'il apprend son nom et aussi à s'affirmer et à dire non. De la même manière, s'il vit sa mère comme suffisamment bonne, l'enfant se valorise dans le regard de sa mère qui satisfait à tous ses besoins.

Mais la mère dépose l'enfant dans sa chambre et s'en va rejoindre un tiers. L'enfant comprend qu'il n'est pas capable de la retenir. Un « autre » possède quelque chose que l'enfant ne possède pas ou qui n'est pas suffisamment développé pour retenir l'attention de sa mère. Cette chose, cet objet qui a le pouvoir d'attirer la mère est nommé phallus en psychanalyse. Le phallus est un objet fantasmatique qui a le pouvoir de retenir l'attention de l'autre. Il peut s'agir de tout objet de pouvoir : belle voiture, situation professionnelle gratifiante, beau conjoint, beaux enfants...

Cet autre que la mère va rejoindre sera alors admiré et haï à la fois. De cette envie, de cette haine et de l'idée des représailles que pourraient susciter les désirs de l'enfant s'ils étaient découverts, naîtra une angoisse très forte que les psychanalystes nomment angoisse de castration. Si le père est suffisamment bon et bienveillant, si la loi est posée, si la mère permet à l'enfant de se détacher, l'enfant se dirigera vers la résolution de ses conflits internes, renoncera à ses désirs et à sa haine et pourra ainsi dénouer ses conflits œdipiens et se structurer. L'Œdipe sera structurant. Mais si le père est écrasant, inaccessible ou falot, ou si la mère ne lui permet pas de s'émanciper, l'enfant risque de régresser à un état antérieur, s'en retourner vers sa mère et ne pas dépasser l'Œdipe.

**Salir l'image du père**

Gabriel : « Quand Vanessa était en colère, elle pouvait dire : "vous les hommes, vous êtes des sans-couilles"... ou de son chef de service "c'est une petite bite" ».

Par ses injonctions, le pervers narcissique prend le pouvoir en castrant l'image du père ou de ses équivalents sociaux. «… le porteur de l'idéal œdipien est le père. Le pervers narcissique tente de rendre nul et non avenu l'idéal du moi œdipien au profit d'un idéal du moi prégénital, gouverné par la toute-puissance narcissique[1]. » Paradoxalement, Vanessa semble attacher une valeur importante aux parties génitales des hommes qu'elle méprise. Cela renvoie aux relations au père, à la fois aimé, admiré et haï.

## Bernard, le phallus de sa mère

Tout objet de pouvoir ou de fierté est donc susceptible d'être considéré comme un phallus en psychanalyse. Dans ce cas, aimer ses enfants et en être fier, est-ce les prendre pour des phallus ?

Évidemment, il est formidable d'aimer ses enfants et d'en être fier. On n'aime jamais trop. Mais certains aiment mal. Écoutons des parents à la sortie des écoles : « Le mien a été propre à deux ans. » ; « Moi, la mienne parlait à vingt mois. » Il serait pourtant peut-être plus intéressant de renvoyer nos enfants à leur intériorité : « J'ai confiance en toi… » ; « Je sais que tu as des capacités… ».

Mais voyons plutôt l'histoire de Bernard :

### Un si beau fils

La maman de Bernard était très fière de lui. Quand des amis venaient à la maison, elle lui disait : « Viens que tout le monde te regarde. Voyez comme il est beau mon fils ! » Mais dès que Bernard ouvrait la bouche, elle lui ordonnait : « Tais-toi, on ne parle pas en présence d'adultes ! » Son image



1. Ksensé A., « Hystérie et perversion » in « La perversion narcissique », *Revue française de psychanalyse*, PUF, 2003.

était très valorisée dans le discours de sa mère. Paradoxalement, il ne devait pas s'exprimer. Il ne pouvait exister que dans le discours de sa mère.

De plus, son père, vraisemblablement jaloux de leur relation, pouvait quelquefois le rouer de coups.

Pour éviter la colère de son père et garder l'amour de sa mère, il devait donc être sage comme une image. Il pouvait rester assis des heures sans parler.

Un jour, alors qu'il avait cinq ans, il a été surpris en train de montrer son zizi à une petite copine. Sa mère s'est écriée : « Il ne recommencera jamais. » À l'adolescence, elle a appris qu'il avait embrassé une fille. Elle lui a dit : « J'espère que tu ne fais pas tes cochonneries en public… »

Aujourd'hui, à trente ans, Bernard est impuissant. Il vit toujours avec sa mère. Il présente la plupart des symptômes des pathologies liées au narcissisme, mais, est incapable de passages à l'acte pervers, il a développé une structure *border line* (à la limite de la pathologie psychotique) avec des décompensations schizophréniques (s'agissant de la schizophrénie, Freud disait « névrose narcissique »).

Récemment, Bernard m'a dit : « Je suis comme une Ferrari qui n'aurait pas d'essence… » Bernard a une très haute idée de son image, et en même temps est impuissant. Il est comme un enfant de dix-huit mois qui ne se vivrait que dans le regard de sa mère. Il est le phallus de sa mère et ne peut que se vivre comme tel au détriment de sa propre intériorité et de sa propre existence.

Chapitre

# Le deuil impossible

Pourquoi étudier les processus de deuil dans le cadre d'un ouvrage sur le pervers narcissique ?

Pour dépasser le complexe d'Œdipe, l'enfant doit d'abord renoncer à ses désirs puis « désidéaliser » ses parents qui deviendront alors des êtres humains normaux qu'il s'efforcera d'égaler. Freud va jusqu'à dire qu'il faut tuer son père. Ce sera donc une sorte de deuil qu'il lui conviendra de faire, deuil des images idéalisées que l'enfant a intégrées afin de devenir sujet et de s'inscrire dans le monde réel, deuil de sa position d'enfant qui lui permettra de prendre une place dans la société.

La plupart d'entre nous ont des difficultés à accepter la perte et la période nécessaire de transformation qu'entraîne le renoncement. Cette difficulté est propre à notre évolution et aux abandons auxquels nous avons eu à faire face durant notre enfance, renoncements que nous rencontrerons à nouveau tout au long de notre vie et qui seront bien souvent l'occasion pour nous de changements importants. Le pervers narcissique en est incapable. Il ne peut faire face au conflit, notamment à celui dû à la perte de ses objets internes. Les objets internes sont l'image idéalisée des objets externes introjectés. Par exemple, l'enfant pleure quand sa mère sort de la pièce. L'enfant ne connaît que ce que lui indiquent ses sens. S'il ne la voit pas, rien ne lui montre qu'elle existe toujours. Il ne pourra supporter l'absence de sa mère que quand il aura introjecté son image, c'est-à-dire, qu'il pourra se rappeler d'elle. Alors seulement, même lorsqu'elle est absente, il pourra vérifier l'existence de sa mère à l'intérieur de lui. Nous verrons plus loin lorsque nous étudierons les parents pervers qu'on n'a souvent pas permis au pervers de se séparer.

## L'angoisse de la perte

Pour éviter l'angoisse de séparation, apparentée au deuil, qui pourrait se produire s'il était quitté, le pervers ne peut investir bien longtemps sa victime en tant que sujet, elle doit devenir un objet. Le pervers réclame d'être reconnu comme quelqu'un de bon, il demande à être revalorisé. Mais celui qui donne amour et reconnaissance pourrait le reprendre à tout moment. C'est généralement ce qu'il a connu dans son enfance. On a donné au pervers une si basse idée de lui-même, qu'il pense que cela ne manquera pas de se reproduire, que l'autre ne restera pas. La dévalorisation de l'autre lui permet de lutter contre le danger que représenterait son partenaire s'il était un bon objet dont la perte serait terrible et à attribuer au pervers lui-même, alors que la perte d'un mauvais objet pourrait permettre de soutenir l'illusion d'un soulagement et d'en attribuer la cause à la victime elle-même.

Les adages populaires nous le rappellent : « Pour tuer son chien, il faut dire qu'il a la rage. » Tuer son chien de peur qu'il ne se sauve permet de ne pas se sentir une victime potentielle et d'asseoir sa toute-puissance.

Mais quand la rage est familiale, il convient de garder le chien pour pouvoir le tuer à nouveau, autant que de besoin et aussi de n'avoir jamais à faire face à la perte. De plus, le pervers utilise tant de mécanismes projectifs, qu'il ne rencontre pas vraiment l'autre mais la projection de ses propres objets internes et de ses propres travers.

Quant à la victime du pervers, elle devra respecter des processus équivalents à ceux du deuil pour espérer sortir de l'emprise de son bourreau : sortir du déni, accueillir colère et tristesse pour pouvoir se reconstruire.

## Les différentes phases du processus de deuil

Les travaux effectués sur les processus de deuil laissent apparaître plusieurs phases :

- Le *déni* : lorsqu'on nous annonce la mort d'un proche, si la révélation est trop insupportable, on ne peut y croire. Le psychisme rejette la nouvelle, fait comme si elle n'existait pas. Ainsi, notre psychisme se protège d'une information trop violente. « Ça n'est pas vrai... vous avez dû vous tromper... je ne peux pas y croire... »
- La *colère* : au déni, succéderait une phase de colère. Cette colère est une tentative d'expulser les affects liés à la révélation. Les affects insupportables sont éjectés vers l'extérieur souvent en rendant un tiers coupable. « C'est de la faute du médecin... » ou « l'autre conduisait trop vite... »
- La *dépression* : quand l'information est acceptée, la colère est dépassée. Alors survient une grande tristesse, généralement accompagnée de culpabilité et de remords, une dépression voire dans les cas les plus graves, une mélancolie.
  Il se pourrait que dans certains cas, cette phase soit inconsciemment entretenue : par exemple, une durée de deuil convenable qui, si elle

n'était pas respectée, entraînerait la culpabilité. La souffrance pourrait aussi être la dernière preuve que le lien a bien existé.

- L'*acceptation* : enfin, il y a renoncement. Le sujet se rend à l'évidence. L'information est intégrée et la personne va pouvoir réorganiser sa vie en fonction de la perte. Pourront s'ensuivre sublimation, voire résilience (nous étudierons plus en détail les mécanismes de sublimation et de résilience dans le chapitre 8).

## Les pathologies du deuil

À chacune des premières phases correspondent les pathologies liées à l'incapacité de faire un deuil.

Si le sujet ne sort pas de son déni, c'est la psychose. Dans son film, *Sous le sable*, François Ozon met en scène Charlotte Rampling qui perd son mari lors d'une baignade. Elle ne peut accepter sa disparition. Lorsque plus tard, on lui présentera le corps de son mari retrouvé, elle refusera de l'identifier. Durant des mois, elle continuera de parler avec lui et petit à petit, elle se coupera du monde.

À la période dépressive, correspondent notamment la dépression ou la mélancolie, due à l'incapacité de faire un deuil. Le mélancolique se vit indigne, sombre dans une culpabilité et une douleur morale intenses. L'origine de la maladie est inconsciente et le dépressif ou le mélancolique peuvent n'avoir jamais eu à subir de deuil dans la réalité, mais être torturés par la peur de perdre leurs objets internes, incapables de renoncer aux images de leur enfance.

Le pervers narcissique évoluerait, lui, entre déni et colère. Au déni, correspondrait la dévalorisation de sa victime, c'est-à-dire la négation de son importance, ce qui permettrait de minimiser sa perte potentielle. À la phase de colère, correspondraient ses agressions, tentatives d'expulsion de ses sentiments et culpabilisation de l'autre.

**C'est de la faute des médecins !**

Après un accident, les médecins seront obligés de couper la jambe de Maurice. Dix ans plus tard, Maurice ne décolère pas et explique à qui veut l'entendre que tout est de la faute des médecins qui sont des incapables. L'entretien de sa colère l'empêche de voir les choses en face et lui évite d'entrer en dépression. Son incapacité à dépasser sa colère ne lui permet pas d'entrer en résilience et de passer à autre chose.

Le pervers narcissique dévalorise son partenaire mais le retient en même temps. La perte de son « objet » entraînerait ce que Paul-Claude Racamier nomme « la suicidose » qui ressemblerait à la mélancolie et à l'incapacité du mélancolique de faire un deuil. Paul-Claude Racamier parle de retournement sur soi de sa rage qui pourrait le conduire au suicide.

## Existe-t-il des moyens pour faciliter ou accélérer un deuil ?

Il existe de nombreux moyens de faciliter un deuil notamment par la mise en place de rites et de périodes de deuil qui, culturellement, ont toujours existé mais qui tendent à disparaître. Il nous appartient peut-être de les réinventer, ce qui permettrait de les rendre plus conscients que culturels.

Nous parlons beaucoup de deuil, parfois à tort. Il y a deuil lorsqu'il y a décès. Toutefois, nous l'avons vu, même si le terme de deuil est impropre, le processus est le même lorsqu'il y a perte ou angoisse de la perte, ce qui explique que l'on parle d'incapacité, d'angoisse ou de processus de deuil.

Une personne me disait qu'après avoir fait un long travail thérapeutique, pour en finir avec son père alcoolique et incestueux, elle lui avait envoyé par la poste un litre de vin, un saucisson et un long courrier. Une autre, qu'après une rupture difficile avec un homme pervers narcissique, elle lui avait écrit une longue lettre qu'elle avait brûlée et dont elle avait disséminé les cendres au bord d'un fleuve où ils allaient autrefois se promener.

Le rituel nous permet de caractériser et de concrétiser les faits et éventuellement nos décisions et de sortir de notre déni. Il ne devrait pas y avoir de honte à aller s'adresser à une pierre tombale à haute voix ou à mettre en place des rituels quels qu'ils soient. D'autre part, le cas échéant, respecter une période de « deuil » permet, même si cela est douloureux, de se reconstruire et bien souvent de sortir de l'épreuve grandi.

Chapitre

# Les stratégies du pervers

## Comprendre ses motivations

### Névrose, psychose et perversion

L'homme naît plusieurs fois. Après sa naissance physique, il naît au monde, à l'altérité puis à son image et enfin à la société, au tiers et à la loi. À la phase objectale (la séparation avec l'autre et la découverte de l'altérité) se succèdent donc la phase narcissique (la rencontre de sa propre image) et la phase œdipienne. En grandissant, l'enfant devra d'abord prendre conscience de l'autre, c'est-à-dire qu'il existe des objets non-moi, extérieurs à lui, qu'il n'est pas tout et que tout n'est pas lui. L'incapacité à intégrer pleinement cette étape conduit aux psychoses, c'est-à-dire à l'indistinction entre soi et le reste du monde et aux frayeurs afférentes que sont les angoisses de morcellement et de dissociation dues au sentiment que l'autre est détenteur d'une partie du moi de l'individu. Si cette étape est dépassée, l'homme peut naître à son image, à l'idée qu'il se fait de lui, à l'idée qu'il se fait de comment on le perçoit et à ses idéaux narcissiques, c'est-à-dire, à ce vers quoi il devrait tendre pour être en accord avec lui-même ou avec les autres. L'incapacité à dépasser cette étape conduit aux structures narcissiques[1] qui peuvent s'accompagner d'angoisses d'abandon si l'image du sujet ne semble pas conforme à ce qu'il imagine qu'on attend de lui et d'une incapacité à se rencontrer comme à rencontrer vraiment l'autre. Si une image de soi suffisamment bonne est intégrée, le sujet se dirige vers la découverte du tiers et de la loi. L'acceptation des règles sociales lui permettra de prendre une place dans la société et de continuer son évolution. L'incapacité de renoncer aux fantasmes œdipiens conduit aux névroses, à la culpabilité et aux angoisses dites de castration.

Le pervers narcissique, pour des raisons que nous étudierons, a été empêché de naître à son image. Il évolue, coincé entre les phases objectale et narcissique et utilise l'autre comme un miroir dont il retire les bons aspects et vers lequel il projette ses mauvais penchants, espérant combler son vide et ainsi échapper à la psychose qui le guette en cas de régression plus profonde.

## Le pervers est-il malade ?

Il faudrait d'abord définir ce qu'est une pathologie. Lorsque nous étudions les psychopathologies, nous passons beaucoup de temps à travailler sur la différence entre le normal et le pathologique. J'invite le lecteur à y réfléchir. Certains proposent que l'on définisse la pathologie comme ce qui nous amènerait à la souffrance. Or, nous l'avons vu, la souffrance peut faire partie intégrante d'un processus qui nous conduit vers la résilience, comme dans le processus de deuil.

1. Les perversions narcissiques ne sont pas les seules structures narcissiques. Quelques portraits d'autres structures limites seront proposées dans l'addenda en fin d'ouvrage.

Parfois, nous confondons le symptôme et la maladie. Par exemple, si nous ingérons un poison, notre corps va peut-être nous faire vomir. Si nous considérons le vomissement comme la maladie, nous prendrons un antivomitif. Si nous prenons le poison comme origine du mal, au contraire, nous prendrons un vomitif. Peut-être que la pathologie pourrait être une rupture du lien. Si notre corps ne reconnaît pas le poison, il ne nous fera pas vomir et nous tomberons malades. Le schizophrène se sent chaotique, alors il se coupe de son intérieur puis du monde extérieur. Ses délires sont des projections de son intériorité afin de recouvrer un état sans tension.

Pour en revenir au pervers narcissique, c'est un vomisseur. Il expulse son chaos et rend malades les autres. Peut-être nous est-il arrivé, après avoir subi une tension imposée par un tiers, au travail ou ailleurs, de rentrer chez nous et de prévenir : « Attention, je suis de mauvaise humeur ! » En clair, je suis prêt, à la première occasion, à expulser mon chaos. Peut-être même que cela est arrivé et que nous avons été à l'origine d'une dispute. Souvent, à la fin de la dispute, nous nous sentons mieux, mais notre entourage se sent mal. Il se peut même qu'alors, nous ayons joué les conciliateurs et pris le beau rôle : « Allons, il faut se calmer... » Voilà une situation perverse narcissique. Ponctuellement, ça ne fait pas de nous des pervers, mais il est important de le remarquer et de travailler dessus afin que cela ne se reproduise pas.

Le pervers narcissique « accompli » est structurellement pervers. Il ne connaît ni souffrance, ni remords. Il n'est pas malade. Rapidement, c'est son entourage qui devient malade. Le bénéfice qu'il retire est tel (échapper à sa souffrance et à sa folie) qu'il ne pourra pas se remettre en question. En revanche, il existe des personnes qui utilisent fréquemment ces mécanismes lorsqu'elles sont en difficulté. Quand elles reviennent à un état normal, si le déni n'est pas suffisant, elles doivent faire face à leur culpabilité, elles peuvent alors ressentir des angoisses d'abandon du fait de leurs passages à l'acte et des conséquences que l'autre pourrait leur faire payer. Elles risquent de régresser à nouveau et de réutiliser les mêmes mécanismes pervers. Ces personnes sont en grande souffrance. Elles pourront peut-être faire un travail personnel et s'en sortir. Ce qui sera long, mais qui n'est pas impossible. Paul-Claude Racamier dit : « C'est quand ils ne le sont pas assez que les pervers narcissiques consultent. » Le thérapeute devra alors faire attention de ne pas accompagner son patient dans ses perversions, car on s'en doute, ces mécanismes sont difficiles à repérer dans le discours de quelqu'un qui se pose en victime, et il devra veiller à ne pas le déculpabiliser mais au contraire à l'amener à réfléchir sur ce que pourraient être ses valeurs.

## Faire porter à l'autre ses failles

Les mécanismes qu'emploie le pervers narcissique comme le clivage, le déni et l'identification projective sont aussi des mécanismes typiques des pathologies paranoïaques et paranoïdes. Le racisme, qu'il soit racial, social ou sexuel est un exemple type de l'emploi de ces mécanismes pervers et notamment du clivage de l'objet. Le clivage de l'objet, nous l'avons déjà vu, protège d'une angoisse de dissociation du moi par projection d'une partie de soi sur une partie de l'objet désigné comme mauvais.

Par exemple, les adeptes du Klu-Klux-Klan ont divisé l'objet société en deux : les bons blancs et les mauvais noirs. La nuit, ils se cachent derrière une cagoule et vont « casser des racailles ». Le jour, ils sont de bons pères de famille et passent certainement pour de bons citoyens. Ainsi, ils projettent leur mauvaise part la nuit et leur bonne le jour. L'idéologie politique, raciale, religieuse ou sexiste devient alors la « prothèse phallique » grâce à laquelle tout devient légitime.

## À l'origine du clivage

Freud, le premier, postule que le nourrisson décharge l'essentiel de ses pulsions au cours de la tétée. Quand le besoin se présente (d'abord la faim ou la soif) il devient vite intolérable. (La non-réponse à ses besoins entraînerait rapidement la mort du bébé.)

Nous l'avons vu, Melanie Klein nomme la colère du nourrisson « haine », haine qui s'accompagnerait de désirs de destruction. Vers trois mois, le bébé ne serait en relation qu'avec une vision partielle de sa mère. Melanie Klein nomme cet objet[1] partiel, le sein. L'enfant projette ses pulsions d'amour et de haine sur lui. Le sein est vécu comme tout bon ou tout mauvais. Le bon sein qui rassure et le mauvais sein qui persécute le bébé en ne le satisfaisant pas et qui laisse s'installer et grandir son angoisse. L'enfant se sent alors persécuté par le mauvais objet qu'il vit comme néfaste. Pour s'en protéger et pouvoir exprimer sa colère, le nourrisson va halluciner qu'il existerait deux objets, l'un bon, le sein qui rassure, l'autre mauvais, celui qui persécute. Il pourra alors, sans risque, projeter son amour sur l'un et sa haine sur l'autre sans risquer de détruire le bon objet. Melanie Klein nomme cette phase, phase ou position schizo-paranoïde. C'est le clivage de l'objet. Il permet de se défendre contre un clivage du moi qui pourrait entraîner une angoisse de dissociation. C'est-à-dire qu'en projetant sa haine sur un objet et son amour sur un autre, cela évite au sujet de se couper en deux, d'entraîner une dissociation de sa personnalité (bon sujet, mauvais sujet) comme dans certaines psychoses ou de retourner sa rage contre lui-même.

On trouverait dans la période schizo-paranoïde de l'évolution de l'enfant la genèse des mécanismes de défense que sont le clivage de l'objet et la projection. Le clivage de l'objet permettra au pervers de se protéger d'une angoisse de dissociation due au clivage du moi. En désignant une personne dans la foule, comme pour le racisme, le pervers peut projeter sa haine sur une partie de l'objet (société) et son amour sur une autre



1. Le terme d'objet est pris dans le sens expliqué plus haut : la structure de la pulsion (source, but, objet).

partie (ceux qui lui ressemblent sont de même sexe, de même couleur ou de même condition sociale).

## La phase dépressive

L'enfant poursuit son évolution et se dirige vers l'altérité. Il comprend qu'il existe un autre séparé de lui, autre qui ne répond pas forcément à ses désirs. Cet autre qui, plutôt que d'être un objet, deviendra progressivement un sujet. Ce qui permettra par la suite à l'enfant de se découvrir lui-même sujet. Avant cela, il va devoir intégrer le sentiment d'ambivalence pour sortir de son illusion qu'il existerait deux objets.

À la phase schizo-paranoïde succéderait une période dite dépressive. Vers quatre mois, le nourrisson comprend qu'il n'existe pas deux mais un seul objet. Il sort de cette période hallucinatoire des premiers mois de sa vie. La mère est vue alors comme une personne à part entière. Elle sera en même temps aimée et haïe. Pour ne pas risquer de la détruire ou de la perdre, le nourrisson gardera pour lui ses désirs d'agression. Ainsi, son angoisse se retournera contre lui-même et sera à l'origine de sa dépression. La dépression ne pourra être dépassée que si la mère est vécue comme suffisamment bonne et que le bon objet pourra être intériorisé par l'enfant de façon durable. Alors, l'image intérieure de la maman pourra pallier, le cas échéant, son absence. Si la phase dépressive est trop insupportable (nous en verrons plus loin les causes possibles dans le chapitre « Aux sources de la perversion »), l'enfant risque de rester fixé au stade schizo-paranoïde. Adulte, il aura tendance au clivage et à la projection, à l'idéalisation et au dénigrement de l'autre, mécanismes typiques des perversions narcissiques. Si l'enfant ne peut aborder la phase dépressive, il risque de conserver les mécanismes de clivage et de projection de ses affects pour éviter la dépression. Le pervers narcissique est de ceux-ci et son objectif est de transférer son angoisse dans l'autre. Plus son partenaire va mal, plus il va bien.

## Collage et isolement : les moyens d'assujettir sa victime

Le déni, le clivage et l'identification projective que nous avons déjà observés ne sont pas les seuls mécanismes qu'emploie le pervers narcissique. En prenant du champ et en sortant du collage qu'impose le pervers, la victime ne pourrait que faire le constat de la folie de son partenaire. Le pervers en est bien conscient. Il ne doit pas permettre à son partenaire de prendre de la distance et doit l'empêcher de fréquenter des personnes qui pourraient lui renvoyer l'aspect anormal de sa relation. C'est pourquoi il va tenter de l'isoler pour pouvoir continuer de la dévaloriser.

### Jamais sans toi !

Jacques sent bien que son amie va mal. Il a remarqué que quand lui-même ne se sent pas bien, le fait de participer à des ateliers de théâtre, et ainsi de s'exprimer, l'aide à s'en sortir. Alors, tout naturellement, il propose à son amie de l'accompagner. Son but : aider Pierrette à aller mieux et lui présenter les gens qu'il aime. À chaque stage auxquels ils participeront, Pierrette le mettra mal à l'aise : menace de séparation, reproches en tout genre, chantage de départ précipité ou tentative de séduction des amis de Jacques.

Par exemple, Pierrette vient rejoindre Jacques lors d'un séjour. Pour des raisons professionnelles, elle arrive quelques jours après que le stage a commencé. Là, elle voit Jacques s'amuser avec ses amis. Dès le premier soir, elle lui annonce pour la énième fois son désir de le quitter. Jacques le prend mal. Ensuite, Pierrette ne cessera de lui reprocher sa réaction : « Tu aurais dû comprendre que j'allais mal au lieu de me faire la gueule… » Ainsi, après avoir été menacé d'abandon, le voilà coupable d'avoir mal réagi. Les amis de Jacques lui font remarquer que son comportement change radicalement quand Pierrette est là. Plus tard, Jacques décidera de partir seul en stage. Quand Pierrette lui téléphone pendant le trajet pour lui annoncer qu'elle le quitte, grâce à la distance, pour la première fois, Jacques accepte.

**Faire le vide autour de l'autre**

Franck et Magali reçoivent des amis de longue date de Magali. Un matin, les hommes sortent acheter des croissants. Laure, l'amie de Magali vient la rejoindre dans son lit. Magali est enceinte. Laure, qui rêve d'avoir un enfant, l'abreuve de questions. Quand les hommes rentrent, Franck surprend les deux jeunes femmes en train de rire dans le lit matrimonial. Il se met alors dans une colère noire, accuse Magali d'avoir souillé le lit conjugal et met ses convives dehors. Magali est effondrée. Plus tard, Laure l'appelle, s'excuse et lui dit qu'elle préfère couper les ponts avec eux. Franck a réussi à isoler Magali de ses amis qui pourraient l'aider et garde ainsi une meilleure emprise sur elle. Il en a profité pour projeter son angoisse de jalousie[1] en rendant les autres coupables.

## L'utilisation d'un tiers

Prenons l'exemple de la Marquise de Merteuil et du Vicomte de Valmont dans *Les liaisons dangereuses*[2]. Merteuil utilise Valmont pour arriver à ses fins. Elle le tient par des défis qu'il doit réaliser s'il veut préserver son image à ses yeux. Le clivage s'opère au sein du couple. Merteuil prend le beau rôle auprès de ses victimes et en est même parfois la confidente. C'est Valmont qui sème le chaos par mandat. Merteuil serait Jekyll et Valmont Hyde par procuration. Valmont devient alors le phallus de

1. Certains psychanalystes envisagent qu'une pulsion d'homosexualité refoulée serait à l'origine de traits paranoïdes. Les mécanismes de défense employés seraient le retournement de la pulsion en son contraire puis l'attribution de cette pulsion à l'autre par identification projective. La pulsion homosexuelle insupportable « je t'aime » serait transformée en « je te hais ». « Je te hais » serait projeté dans l'autre et deviendrait « il me hait ». Le sujet pourrait vivre alors sa pulsion sous la forme : « Il me hait, il est normal que je le haïsse à mon tour. » Suivant le degré de délire accompagnant la pathologie, nous parlerons de pathologie paranoïaque ou paranoïde. Le trait paranoïde fait partie de la perversion narcissique.
2. Choderlos de Laclos P. de, *Les liaisons dangereuses*, Pocket, 2008.

Merteuil. Il est intéressant de voir que Merteuil n'est jamais en danger puisque c'est Valmont qui agit.

On peut aussi trouver l'utilisation de tiers dans les groupes, les entreprises ou les institutions. Quand un pervers entre dans un groupe, souvent, une partie du groupe devient perverse.

**Alexandra venge sa collègue**

Alexandra me raconte que dans son entreprise, les salariés ont chaque matin une réunion. Or, il n'est pas rare que le chef de service prenne à partie un des salariés qui devient alors le « bouc émissaire » de sa mauvaise humeur. Les autres membres du groupe sont ainsi témoins de l'agression et doivent choisir comment se positionner. Les options sont soit devenir complice du harceleur, soit s'opposer à lui et risquer sa place. Un matin, en public, le chef de service traite de « pétasse » une des salariées. Il se trouve de ses collègues pour rire, ce qui amplifie la portée de la blessure. D'autres baissent les yeux et restent silencieux, devenant par là même, complices passifs de leur chef. Alexandra fait partie des silencieux et quitte ensuite la salle de réunion, lourde de honte et de culpabilité. Deux jours plus tard, n'y tenant plus, elle insulte le chef de service et se fait licencier par le directeur qui pourtant, connaît le comportement de son chef de service.

Lorsque le pervers utilise un tiers, il ne se met jamais en danger. Ainsi, à la fin des *Liaisons dangereuses*, Valmont se fait tuer.

## Dévalorisation de l'autre, manipulation et nécessité de le contrôler

Le collage permet au pervers de garder sa victime. L'isolement de sa victime le rassure quant à la présence de tiers qui pourraient s'insinuer dans leur relation. L'identification projective le débarrasse de ses affects.

Mais, pour le pervers narcissique, après l'avoir projeté en elle, sa victime est le porteur du symptôme de sa folie. Perdre son objet signifierait pour l'agresseur, retrouver ses propres symptômes. Le garder, c'est rester face au porteur de ses symptômes qui risquerait à son tour de les lui renvoyer. Aussi, le pervers doit-il dénigrer la parole de l'autre. De plus, le pervers est porteur d'une angoisse d'abandon qui lui fait craindre le départ de l'autre.

Lorsque Pierrette menace Jacques de le quitter, elle « joue » avec sa propre angoisse d'abandon, en lui faisant porter ses affects. Mais pour pouvoir quitter quelqu'un, encore faut-il être avec lui. Ce qui explique que le pervers salit et jette son partenaire, puis retourne le chercher à nouveau. Il le salit pour démontrer qu'il ne perd pas beaucoup s'ils se séparent. Il le rejette pour son plaisir et pour se rassurer quant à sa propre angoisse d'abandon puis le séduit pour le garder et recommencer, usant pour cela alternativement de mécanismes de séduction, de projection, de passages à l'acte et de culpabilisation massifs. Le pervers doit absolument contrôler sa victime et dénigrer sa parole, sous peine de le perdre et d'avoir à faire face à ses propres angoisses de deuil ou d'être mis en accusation par son souffre-douleur.

## « *As if*[1] » : les pervers imposteurs

Le pervers fantasme peu, il passe à l'acte. Il est peu dans le ressenti, ce que vit sa victime n'est pas son problème, au contraire, cela peut même être source de jouissance pour lui.

Il existe plusieurs types de pervers : des personnes en grande souffrance qui utilisent des mécanismes pervers narcissiques pour tenter de s'en sortir, des pervers accomplis qui ne souffrent ni ne culpabilisent, et une catégorie capable en plus de mimer de l'empathie et de simuler une fausse

1. *As if* : « comme si » en anglais.

conscience, puis de passer froidement à l'acte. Winnicott les nomme *as if*. Ils peuvent adoucir leurs voix, faire référence à de belles théories et mimer dans certains cas de la sympathie envers leurs victimes. Certains peuvent même endosser un rôle parfaitement au point[1] (protecteur, défendeur de grandes causes...), voire rendre malade puis soigner ou faire soigner leurs victimes[2].

**Des aveux que l'on regrette...**

Jacques avoue devant sa sœur et Pierrette qu'il a été troublé par la souffrance de son ancienne amie lorsqu'il l'a quittée pour Pierrette, et qu'il lui a accordé un après-midi pour l'aider à se relever. Sa sœur lui dit qu'il ne devrait pas parler ainsi devant Pierrette. Mais celle-ci, très sage, rétorque qu'elle connaît Jacques et qu'elle n'est pas inquiète. Jacques est touché par tant de maturité et de bienveillance. Mais l'attitude de Pierrette n'est que circonstancielle et due à la présence d'un public. Ensuite, durant des mois, elle reprochera sa réaction à Jacques et pourra ainsi le menacer, le dévaloriser et projeter en lui ses propres angoisses. Elle utilise le contexte pour briller aux yeux de la sœur de Jacques en faisant « comme si » puis profite du même contexte pour se décharger dans son compagnon, le rendre porteur de ses propres angoisses, le manipuler, le culpabiliser et le rendre mal à l'aise.

## Un lien de dépendance fort

Pour qu'il y ait perversion, il faut qu'il y ait un lien fort. Il peut être lien de subordination, familial ou amoureux. Dans certains cas, rompre avec le pervers peut revenir à perdre son emploi, la présence de ses enfants ou

1. Voir le film *Attrape-moi si tu peux* ! de Steven Spielberg où Leonardo de Caprio se fait passer successivement pour un pilote de ligne puis un chirurgien avant de devenir faussaire.
2. Comme dans le cas extrême du syndrome de Munchäusen par procuration.

sa maison. Dans le cadre d'un parent pervers, rompre avec lui revient à perdre son parent. Or ce parent n'a pas rempli son rôle, il n'a pas su rassurer et renvoyer une image suffisamment bonne. Il est plus difficile de se séparer d'un mauvais parent que d'un parent suffisamment bon. Ainsi, nous resterions attachés à un manque. Le pouvoir du pervers serait alors à la hauteur de ce qu'il ne donne pas. Il y aurait une sorte de dette qui nous empêcherait de partir. Dans la relation amoureuse, est-ce l'amour, l'attachement ou le manque qui nous retient et qui fait la force de l'autre ? On pourrait penser que la force de la victime est sa capacité à donner et que la force du pervers est sa capacité à ne rien donner mais à beaucoup promettre. Dans ce cas, on comprendrait mieux pourquoi il cherche à dévaloriser toute tentative de sa victime lorsque celle-ci veut l'aider. Il se pourrait que dans certains cas, la relation bourreau-victime soit une sorte de bras de fer sado-masochiste où chacun, à sa façon, voudrait démontrer son pouvoir. On le sait bien, la dépendance est fondée sur un manque. Si la demande de la victime est d'être remplie, complétée, voire unifiée par l'autre, qu'adviendrait-il si cet autre accédait à cette demande ? Le risque ne serait-il pas de devenir un en étant deux ? La victime l'accepterait-elle ou bien ne finirait-elle pas par partir ? Bergeret envisage une relation entre distance et fusion, en alternance. Chacun entrerait dans le désir de l'autre et aurait peur d'être débordé par celui-ci. On le voit bien, à un moment ou à un autre, l'étude du pervers devrait nous renvoyer à une étude de soi, le meilleur moyen de se rencontrer soi-même, de s'unifier par soi-même. C'est peut-être ainsi que nous n'aurons plus besoin de rencontrer de pervers et que nous pourrons, si tel est notre désir, nous inscrire dans une relation apaisée, apaisante et constructive.

Chapitre 7

# Les effets pervers sur la victime

La perversion narcissique se situe aux confins de la folie et de la névrose. Il n'est pas rare que des personnes ayant des troubles psychiatriques utilisent des mécanismes pervers narcissiques, tentant par là d'attribuer leur folie à l'autre pour s'en sortir. Le pervers structurellement accompli grâce à ses passages à l'acte est à l'abri tant qu'il conserve une victime pour se décharger. Quant aux victimes, elles finissent par se retrouver porteuses des symptômes du pervers (angoisse d'abandon, colère, etc.). En fonction du degré des rapports entre le pervers et sa victime, cela ira de la dépression à la tentative de suicide, de la violence à la perversion, de la confusion à la dépersonnalisation, voire la folie.

## Une totale confusion

Le pervers, par ses actes, sème une confusion telle que sa victime, bien souvent, ne peut plus agir intelligemment. Injonctions paradoxales, agressions violentes, dévalorisation puis séduction ne permettent plus à la victime de pouvoir réagir sainement. La paradoxalité est telle que la victime ne sait plus si elle doit croire ce que lui indique ses sens, ce qu'elle voit ou ce qu'elle entend. Toute logique devient caduque. Rapidement, la victime se retrouve dans un état de vigilance constante, elle devient méfiante, sentant un danger et ne pouvant pas le repérer. À son tour, elle va développer des traits paranoïdes.

Imaginons que vous conduisiez, et que vous ayez une discussion intelligente avec votre passager. Soudain un véhicule arrive trop vite à votre droite, vous désinvestissez immédiatement toute intelligence intellectuelle et vous vous en remettez à vos seuls réflexes. Vous êtes alors incapable de soutenir une conversation. En cas d'urgence, notre cerveau désinvestit la partie intellectuelle au profit du néocortex qui gère les réflexes. Alors, plus de ça, de moi ni de surmoi, seulement une vigilance, une attention accrue et une incapacité à réfléchir. C'est ce type d'état que finit par obtenir le pervers de sa victime.

### Symptômes post-traumatiques

Estelle raconte : « À tout moment, Jean-Pierre, mon employeur, pouvait m'appeler pour me dire que j'étais quelqu'un de fomidable et qu'il m'aimait, ou me dire que j'étais mauvaise et qu'il voulait me licencier. J'étais dans un état de tension permanente. Un jour, quelqu'un que j'attendais dans ma voiture a ouvert la porte. J'ai anormalement sursauté… »

Estelle présente des symptômes de stress post-traumatique, à l'instar des gens qui reviennent de la guerre ou qui ont vécu une catastrophe.

Il est alors très important de s'en remettre à une personne neutre et bienveillante qui n'hésitera pas à requalifier la réalité, nommer le pervers comme tel, la relation comme insupportable et les passages à l'acte comme inadmissibles. La victime, ayant perdu tout repère, aura besoin de l'entendre de la bouche d'un tiers. Cette personne peut être un ami, un parent, un thérapeute. Mais il est important qu'elle reste neutre. La neutralité n'empêche pas la requalification des faits.

## Des défenses abaissées

De la même façon qu'il existe des mécanismes de défense psychiques qui gèrent notre intérieur, il existe des mécanismes, comme le pare-excitation, qui nous protègent d'excitations qui viendraient de l'extérieur.

« La fonction du pare-excitation est de protéger l'organisme psychique contre les excitations en provenance du monde extérieur qui, par leur intensité, risqueraient de le détruire[1]. » Le pare-excitation est une instance cognitive qui serait située à la périphérie du système psychique, à la frontière entre les organes des sens et du monde extérieur. Le psychisme aurait alors la possibilité d'investir plus ou moins les stimulations externes, en fonction de leurs qualités.

Par exemple, si je rencontre un homme que je ne connais pas, je risque d'abord d'être méfiant. Est-il bon ou mauvais, bienveillant ou dangereux ? En fonction de la réponse, j'investirai plus ou moins les informations qui viendront de cette rencontre. Si je comprends que cet homme est fou et si j'entends qu'il m'insulte, ses mots auront peu d'emprise sur moi. À l'inverse, si je rencontre un ami de longue date, je l'aborderais de bon cœur. S'il me parle mal, alors il pourra me blesser facilement.



1. Laplanche J., Pontalis J.-B., *Vocabulaire de la psychanalyse*, *op. cit.*

Le pare-excitation nous protège mais limite aussi la qualité et la quantité des apports du monde extérieur. Nous avons une approche filtrée du monde, dans une sorte de lecture, de distance au monde que nous aspirons certainement à abandonner quand nous sommes en confiance.

Un des « avantages » de la communication paradoxale utilisée par le pervers narcissique est de détruire le pare-excitation de sa victime et ainsi de rendre plus efficientes les injonctions et autres projections.

**Tu es un être toxique !**

Jacques se souvient : « Nous venions de passer un week-end formidable. J'étais heureux : nous nous retrouvions enfin. Je savais qu'au-delà de nos disputes, nous nous aimions et que nous étions faits l'un pour l'autre. À la fin du week-end, elle m'a dit : "Qu'est-ce que tu es gentil ! Comment peux-tu être aussi gentil après tout ce que je t'ai fait ?" Je lui ai répondu que c'était parce que je l'aimais, et que normalement, j'étais naturellement comme ça. Le lendemain, elle m'a appelé. J'étais tout à mon amour, prêt à prendre ce qui viendrait. Alors, sans raison, elle m'a dit : "Tu es un être toxique. Tu ne comprends pas que j'ai toujours voulu te quitter ?" Je n'ai pas pu répondre. Je venais de recevoir une lame glacée dans le cœur… »

Souvent le pervers fait précéder une phase de dévalorisation de l'image de son partenaire d'une phase de séduction. Ainsi la victime, ayant abaissé ses défenses est tout entière au discours de son bourreau. Certaines personnes ayant subi trop d'attaques paradoxales dans leur enfance ou présentant des troubles structuraux peuvent se trouver dépourvues de pare-excitation, voire se confondre avec le reste du monde. Elles ont alors recours à des mécanismes plus puissants comme le repli autistique ou, à un degré moindre, la dépersonnalisation.

## La dépersonnalisation

**Enfant battu**

Bernard confie : « Quand mon père me battait, ce n'était pas si dur. Il battait mon corps. Les coups ne font pas si mal. Je me roulais en boule et j'attendais que ça passe… »

Pour supporter l'insupportable, Bernard se sépare de son corps et devient spectateur. Il se détache de la scène. Le corps est battu. Cette dépersonnalisation deviendra progressivement son mécanisme principal de défense face aux conflits, intérieurs comme extérieurs. Adulte, au moindre problème, à la moindre critique, Bernard devient spectateur. Que le conflit soit externe, il désinvestit la relation. On lui pose une question, il ne répond pas ou alors à côté. Que le conflit soit intérieur, Bernard se renferme. Petit à petit, il se coupe de lui-même, du monde et vit seul dans la maison de sa mère. La dépersonnalisation lui permet de ne pas délirer. Elle le situe à la frontière entre folie et normalité. Il devient une personne bizarre, isolée, mais ne sombre pas dans la folie ni dans la perversion. Sa dépersonnalisation vient pallier le manque de pare-excitation qu'il n'a pu mettre en place face à des parents violents et pervers.

Le pervers, par ses attaques paradoxales répétées, nous conduit vers la folie. La violence, la dépression et la dépersonnalisation sont des mécanismes de réponse à ses attaques. La violence est une tentative d'expulsion de la toxicité du pervers. La dépression est un retournement sur soi de cette violence que bien souvent l'on ne peut retourner contre son bourreau par crainte de représailles ou d'abandon et la dépersonnalisation une tentative d'évitement du conflit. La dépersonnalisation et l'état de stress post-traumatique sont des symptômes majeurs des victimes de pervers.

## Un pervers peut-il rendre pervers ?

À l'exception des enfants qui n'ont pas encore établi pleinement leur structure, le pervers ne peut pas rendre l'autre structurellement pervers. Il ne peut que révéler notre intérieur, c'est-à-dire notre structure. Pour devenir pervers, il faut y être prédisposé. Le pervers nous pousse à la dépression, la violence, la maladie, etc., il s'agit bien souvent de réponses conjoncturelles. Il peut être normal de répondre ponctuellement à une agression par un mécanisme pervers, ça ne fait pas de nous des pervers. Si on nous frappe sur la joue droite, chacun trouvera sa réponse. Certains la rendront, d'autres en souffriront, rarement nous tendrons la joue gauche. Pour mieux comprendre, il faudrait observer les déplacements d'énergie d'un point de vue dynamique. Par ses agressions, qu'elles soient injonctions, paradoxes ou autres, le pervers émet ce que nous nommerons une excitation exogène. Nous voilà porteurs d'une énergie que j'appelle parfois le chaos du pervers. La réponse à l'excitation exogène devient excitation endogène, c'est-à-dire pulsion. Cette pulsion prend la forme d'une violence. Quel est le devenir de cette énergie ? Soit nous la rendons à l'agresseur sous forme de projection, soit nous la déplaçons vers un autre objet, soit vers un autre but, soit nous la retournons vers nous et c'est la dépression ou la maladie. Dans les exemples que nous avons vus, Franck agresse sa femme. Magali devient dépressive. Bernard se dépersonnalise. La salariée subit l'agression de son chef de service et la lui rend à contre-temps. Le chef de service se défoule peut-être d'agressions subies chez lui ou durant son enfance. Quant à nous, il est important de nous interroger : quelles sont nos propres réponses ? Nous semblent-elles adéquates ? D'où viennent leurs origines ? Devrions-nous en envisager d'autres ?

## Existe-t-il une victime type ?

Christophe Carré, auteur d'un livre sur les manipulateurs[1], nous propose des traits communs aux victimes de manipulateurs : la victime est souvent généreuse, sincère, aimable et ouverte aux autres ; elle a d'emblée confiance dans la relation mais fait preuve de naïveté ; elle manque de confiance en elle ; elle est à la recherche d'une relation qui l'aide à se structurer ; elle se montre excessivement empathique et responsable ; elle est protectrice, aime, console, rassure ; elle accepte la critique et culpabilise facilement ; elle renonce volontiers à son esprit critique, à son autonomie et sa dignité ; elle veut toujours faire plaisir et donner le meilleur d'elle-même ; elle accepte de se soumettre, s'illusionne et persiste dans son investissement affectif ; elle est souvent fière, orgueilleuse et refuse de voir la réalité en face ; elle ne se perçoit pas comme une victime.

Dans certains cas, les victimes ont un penchant masochiste : elles recherchent volontairement douleur et humiliation auprès d'un pervers. Nous l'avons vu, le pervers et sa victime ont souvent en commun une faille narcissique. Cette faiblesse peut être conjoncturelle, par exemple un besoin ponctuel de faire ses preuves. Dans ce cas, la victime pourra s'en sortir aisément si elle arrive à se renarcissiser, c'est-à-dire à retrouver confiance en elle. Mais la plupart du temps, la faille narcissique est structurelle. Souvent, victime et bourreau utilisent le même type de mécanismes : clivage, déni, projections... Mais la victime, à l'inverse du pervers, projette de l'amour et souvent, renarcissise son partenaire, ce qui paradoxalement, la rend d'autant plus insupportable pour le pervers. Car celui qui donne son amour, sa gentillesse et renvoie une bonne image à l'autre, pourrait les reprendre à tout moment. Nous le verrons plus loin, dans certains cas, la gentillesse pourrait être perçue comme une forme de prise de pouvoir.

1. Carré C., *La manipulation au quotidien*, Éditions Eyrolles, 2007.

**Chaque victime réagit différemment**

Pour sa pépinière, Jean-Pierre embauche Estelle, Catherine, Sophie et Nathalie. Pendant des mois, il ne cessera de les harceler, alternant dévalorisations et tentatives de séduction. Heureusement, les filles font corps. Jean-Pierre essaye de les séparer. Quand il comprend qu'elles sont trop soudées, qu'elles commencent à le mettre en danger, alors il les licencie pour motif économique avant d'embaucher de nouvelles personnes. Chacune va réagir à sa manière face à cette dénarcissisation massive. Catherine et Sophie vont se remettre en confiance. Catherine crée une entreprise de travaux paysagers et Sophie sa propre pépinière. Estelle reste longtemps sans pouvoir retravailler en entreprise car elle craint désormais les rapports hiérarchiques. Elle finit par devenir représentante itinérante pour une société. Dans le cadre de ce poste, elle ne rencontre jamais son employeur et n'a de contact avec lui que par téléphone ou par courrier. Nathalie ne reprend pas d'activité : elle est toujours dépressive. Chacune a réagi en fonction de sa composition et de son histoire. Qu'elles se soient dirigées vers la résilience ou qu'elles aient sombré, il est à noter qu'aucune d'entre elles n'a, à ce jour, retrouvé de travail au sein d'une équipe et auprès d'un supérieur hiérarchique.

## Un peu d'hygiène parentale

Comment aider nos enfants à ne pas devenir pervers ? Commençons par ne pas prendre nos enfants pour des objets ou le prolongement de nous-mêmes. Traitons-les comme des sujets, donnons-leur ce dont ils ont besoin et ils trouveront leur chemin. Définissons les lois et faisons attention à ce que nous transmettons dans nos actes. Il peut être paradoxal, par exemple, d'interdire à son enfant adolescent de fumer, s'il nous voit fumer (« Fais ce que je dis, pas ce que je fais »). Quant aux grandes lois communément admises (comme le suicide, l'inceste, etc.), elles ne doivent pas être transgressées, ce qui reviendrait à faire passer l'impossible dans le possible, le fantasme dans le réel, ouvrir la boîte de Pandore en quelque sorte. Par exemple, le père d'Ernest Hemingway se suicide, Ernest Hemingway se suicide, sa petite-fille, Margaux se suicidera la veille du jour anniversaire du suicide de son grand-père[1].

Beaucoup de gens ont parfois des idées suicidaires, mais le passage à l'acte est interdit et paraît impossible tant qu'il ne vient pas s'inscrire dans le réel.

### Le rôle des parents

La mère de Franck lui dit que quand son père n'est pas là, il devient le chef de famille. Ce faisant, elle fait entrer l'incestuel dans le domaine du réel, elle permet ce qui devrait être interdit (comment fantasmer que l'on va épouser maman quand elle nous nomme chef de famille à la place du père ?) et par là empêche son enfant d'accéder au fantasme de l'Œdipe, puis d'y renoncer pour se structurer. Quand le père revient, Franck se sent trompé. Adulte, quand il sera marié, il fantasmera la présence d'un tiers qui ne tardera pas à intervenir, il entrera alors dans une grande angoisse et projettera sa paranoïa sur sa femme. Ensuite, il prendra les devants, trompera sa femme et la quittera en la dévalorisant après lui avoir fait un enfant.

Enfant, Pierrette sait que sa mère trompe son père. Quand la mère rencontre un amant, elle quitte le foyer, abandonnant mari et enfants. Pierrette souffre et voit son père souffrir. Adulte, Pierrette maintient des valeurs délirantes, paradoxales, où la souffrance est pour elle preuve d'amour, l'amour aveu de faiblesse et la méchanceté banale et normale. Elle préfère le rôle de bourreau à celui de victime, comme si aucune autre voie n'était possible.



1. Dans le cadre des programmations transgénérationnelles, il faut noter que Margaux est nommée ainsi en l'honneur du château Margaux et qu'elle souffre d'alcoolisme. Pour tenter de s'en sortir, elle demandera à changer l'orthographe de son prénom pour s'appeler Margot.

On pourrait donc penser que tout enfant n'ayant pas vécu avec des parents suffisamment bons et présents se dirige vers un comportement pathologique. Nous l'avons vu, le psychisme tend vers l'apaisement, notamment par l'expression de son énergie. Il en va de même pour la structuration de la personnalité. L'esprit tend naturellement à s'épanouir. Il n'est qu'à voir le plaisir qu'a un petit enfant à nous faire part de ses progrès.

Freud parle de pulsions de vie et de pulsions de mort. On pourrait dire que les pulsions de vie nous poussent vers l'avant et que les pulsions de mort nous ramènent vers l'arrière. Dans l'expérience avec les rats décrite dans le chapitre 1, si la porte de la cage est ouverte, naturellement, après avoir subi une impulsion électrique, le rat se sauve et dans sa fuite, décharge une partie de ses pulsions.

On a mesuré les tensions internes de deux rats ayant subi une même décharge électrique. Dans un cas, la porte de la cage est ouverte, le rat peut réagir, se sauver. Dans l'autre, la porte est fermée. Le rat enfermé montrera un niveau de tension nettement supérieur à l'autre rat. En se sauvant, l'autre rat a pu se décharger d'une partie de ses tensions. Ce n'est qu'en dernier ressort que le rat aura recours à l'agressivité, tournée vers les autres s'il le peut ou tournée vers lui-même s'il n'a pas d'autres choix.

Dans le mécanisme de la régression, l'individu fait une sorte de retour en arrière psychique pour aller chercher une énergie qui lui permettra d'affronter une situation difficile. Il n'est pas rare de voir un enfant régresser à un état antérieur et redevenir incontinent, par exemple, face à une difficulté de la vie. Paradoxalement, naturellement, l'homme tend vers l'expression de lui-même en allant de l'avant. La pulsion de vie nous pousse vers l'aboutissement de la vie et la pulsion de mort voudrait nous ramener vers la naissance.

Si l'enfant ne trouve pas de solution à la maison, il en cherchera d'autres ailleurs. Les réactions pathologiques n'arrivent qu'en dernier recours, si la porte de la cage est fermée.

### Se consoler à l'extérieur de la maison

Jacques me racontait qu'enfant, l'ambiance chez lui était insupportable. Jacques est l'aîné d'une fratrie. Ses parents alcooliques criaient beaucoup. Dans ces moments, il sortait et allait se réfugier dans un cerisier ou rejoignait sa grosse chienne pour se faire consoler. Jacques en était arrivé à me dire qu'il avait fait son Œdipe avec une chienne et un cerisier. Si cet exemple vous fait sourire, j'en suis heureux. Je crois que l'humour est un formidable mécanisme de défense. Faisons confiance à nos enfants. Si nous laissons la porte de la cage ouverte, ils trouveront ce qui est bon pour eux.

Chapitre

# Contrecarrer le pervers narcissique

## Gare aux étiquettes !

Lors d'une formation, Isabelle me demande : « Ma sœur a un amoureux. Il n'a pas fait d'études et est militaire. Elle, en revanche, aimerait faire des études. Il veut l'épouser mais ne cesse de lui dire que faire des études est inutile et souhaite qu'elle arrête. Est-ce un pervers narcissique ? »

Avant de répondre à la question, j'aimerais proposer le test suivant :

### Test des neuf croix

Soit neuf croix :

X X X
X X X
X X X

Est-il possible de relier les neuf croix avec son stylo par quatre segments de droite sans jamais lever son crayon ? Répondez par oui ou non.

Si vous n'avez pas trouvé, c'est que vous vous êtes laissé enfermer dans un cadre de référence.

Solution :

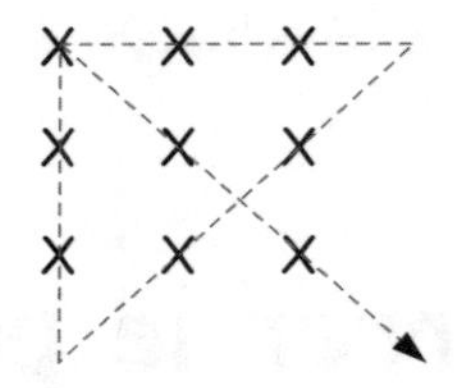

Lors d'une formation en psychopathologie, j'ai surpris une conversation entre deux élèves. C'était au retour des vacances de Noël. Un des protagonistes était bronzé. Son collègue lui dit : « Toi, tu étais au ski ! » L'autre a répondu : « Non, j'étais à Cuba. » J'ai repris cet exemple en cours : « Vous avez repéré un symptôme : il est bronzé. Un contexte : c'est l'hiver, vous vous êtes référé à votre cadre de référence et vous avez posé un diagnostic : il revient du ski. Nous voyons là les limites et les dangers des études théoriques. Je vous rappelle que la psychanalyse ne s'apprend pas, elle se vit. Ici, tout au plus, vous ne trouverez que quelques repères et j'espère plus de questions que de réponses[1]. »

Pour en revenir à la question initiale d'Isabelle, il est évident que l'ami de sa sœur a une faille narcissique. Cela n'en fait pas un pervers pour autant. Isabelle a repéré un indice, pas plus.

Un jour, mon fils cadet, préado à l'époque, m'a dit : « Mon but dans la vie, c'est d'écraser mon frère aîné. » Je l'ai d'abord remercié pour sa franchise

1. Dans sa pièce *Le visiteur*, Éric-Emmanuel Schmitt met en scène Freud et sa fille. Freud dit à sa fille : « Les enfants sont spontanément philosophes : ils posent des questions. » Anna demande alors à son père : « Et les adultes ? » Freud répond : « Ils sont spontanément idiots, ils y répondent. » Schmitt E.-E, *Le visiteur*, Actes Sud, 2001.

et sa confiance, puis je lui ai posé cette question : « À ton avis, entre un berger et un PDG, lequel des deux a réussi ? » Il a été tenté de répondre le PDG qui est le plus en vue mais il s'est douté que si je lui posais la question, elle méritait d'être réfléchie. Alors, il m'a proposé : « Celui qui est là où il le voulait. »

Le futur beau-frère d'Isabelle, je l'ai dit, présente une faille narcissique, due notamment à son manque de diplôme et donc de reconnaissance. Contrairement à ce qu'il dit, il accorde une grande importance aux diplômes. Sinon, pourquoi serait-il gêné à l'idée que sa future femme fasse des études ? Celle-ci pourrait peut-être lui rappeler qu'elle l'aime quel que soit son niveau d'études et que s'il l'aide à se réaliser, elle n'en sera que plus épanouie. Personne ne dépasse personne. C'est une vue de l'esprit. Que peut-on souhaiter d'autre que de voir nos proches se réaliser ? Quant à la question posée par Isabelle, nous devons nous rappeler que dans le cadre de nos études, il faut faire très attention à ne pas plaquer d'étiquette diagnostique trop rapidement.

## N'est-il pas pervers de traiter quelqu'un de pervers ?

Par identification projective, en tentant d'attribuer à l'autre ce que l'on sent en soi, dire de quelqu'un qu'il est pervers peut être un comportement pervers. Franck ne cesse de dire à Magali qu'elle est perverse, Pierrette dit à Jacques qu'il est toxique. Toutefois, pour la victime, il est important que le pervers soit nommé comme tel.



### Laisser du temps à la victime

Un ami, conseiller juridique dans une association me racontait qu'au début de ses fonctions, il était très fier de ses nouvelles responsabilités. On lui avait confié un très beau bureau où il pouvait recevoir les adhérents pour les conseiller. Un jour, s'est présentée une dame visiblement dépressive. Elle lui a expliqué que son employeur la harcelait dans le but de la pousser à la démission. Mon ami lui a dit de ne pas démissionner mais d'envoyer à son employeur un courrier recommandé pour qualifier son attitude. Ainsi, si un jour elle devait démissionner à cause de son employeur, elle pourrait demander aux juges de requalifier sa démission en licenciement abusif. Il écrivit pour elle un modèle de lettre et lui conseilla de l'envoyer. Quinze jours plus tard, la dame revint voir le conseiller. Il lui demanda si elle avait envoyé la lettre. Elle lui répondit qu'elle avait préféré démissionner. Alors, il se mit légèrement en colère : « À quoi cela vous sert-il de me demander conseil si c'est pour faire le contraire ? » À ce moment-là, la dame s'est effondrée en pleurs. Mon ami me dit qu'il s'était senti dévalorisé par l'attitude de la dame, mais que cet événement lui a permis de comprendre qu'il était nécessaire qu'il change d'attitude. La dame venait de subir un harcèlement pendant plusieurs mois. En se mettant en colère, il lui avait confirmé ce que lui disait son employeur : qu'elle n'était pas une bonne personne. Plus qu'un conseil, elle était venue chercher une réassurance. À partir de là, il changea complètement de fonctionnement. Il passa beaucoup plus de temps à écouter les gens, ensuite à les rassurer quant à leur propre valeur, et enfin, le cas échéant à nommer le pervers comme tel. Le conseil juridique n'arrivait plus qu'en dernier ressort.

## Interroger en miroir face aux injonctions

Quand le pervers pose un jugement, « tu n'es pas intelligent… », nous l'avons vu, il se place en position de force, se valorise aux dépens de l'autre et ne prend aucun risque. Si nous nous justifions, il lui sera facile de démonter nos arguments et d'entretenir un climat délétère. C'est pourquoi il est important de ne pas se justifier, de couper court à toute conversation ou de le renvoyer à sa position. « De quel droit me dis-tu ça ? Qui es-tu pour me juger ? » Cela aura pour effet de le mettre en danger et ça, il ne peut le supporter. Alors, il lui appartiendra de se justifier et les rôles seront inversés. Magali, après un travail thérapeutique, comprend : « Quand le pervers est démasqué, il s'en va... »

## Renouer avec ses proches

Après l'isolement qu'a imposé le pervers, il sera essentiel de renouer avec ses anciens amis, quitte à s'excuser et expliquer les événements.

### Retrouver ses amis

Magali raconte : « Il me disait qu'il était normal de rompre avec mon ancienne vie. Je devais laisser les amis que j'avais eus en commun avec mon ex-conjoint et les autres n'étaient pas assez bien pour lui. Lui, en revanche, conservait les siens. Après notre rupture, il aurait voulu renouer avec mes amis et j'ai même dû rompre avec certains. [...] Quand j'ai recontacté Laure, elle m'a dit qu'elle était soulagée d'apprendre notre séparation, nous sommes redevenues amies comme avant. »

Souvent, la victime du pervers porte, elle aussi, une faille narcissique et il lui est difficile de demander de l'aide. De plus, elle aime faire plaisir et préfère s'inscrire dans le désir de l'autre que d'exposer le sien. Apprendre à demander de l'aide est une grande leçon de vie et l'occasion pour la victime de s'inscrire dans son propre besoin et d'apprendre à exister pour elle-même.



## Remettre de la distance

Au collage qu'impose le pervers, il sera très important de poser une distance, par exemple en partant se réfugier auprès de gens bienveillants, en apprenant à éteindre son téléphone et à rester sourd aux appels de notre bourreau qui ne manquera pas de chanter à nouveau nos louanges, en se souvenant bien de l'enfer que nous avons vécu et surtout, en ne croyant plus qu'il pourrait en être autrement. Nous le verrons plus tard, le pervers est malade, il ne pourra plus fonctionner autrement. Le plus beau cadeau que nous puissions lui faire est de le quitter. Ce n'est qu'alors, s'il n'est pas totalement pervers, qu'il devra se remettre en question. Mais le plus souvent, très rapidement, sous peine de sombrer, il devra trouver un nouvel objet et nier l'importance de sa précédente relation.

**Quand le pervers change de proie**

Jacques explique : « Pierrette était très jalouse. Elle disait à quel point la fidélité était importante pour elle. Ensuite, elle pouvait dire le contraire, qu'il serait normal qu'elle me trompe. Quand nous nous sommes enfin séparés définitivement, à peine quelques jours après, elle rencontrait un homme marié et s'est empressée de me le faire savoir. Elle m'a dit : "Au moins, lui, je n'aurai pas peur qu'il me trompe et je n'ai pas à lui promettre fidélité." »

## Oser détester

Nombre des victimes de pervers sont, tel Narcisse, à la recherche de leur image, dans une quête d'amour incessante, pas tant dans leur cœur que dans le regard de l'autre. Le pervers les entraîne vers la dépression ou la violence. La dépression est un retournement contre soi de la violence qu'engendrent paradoxe et dévalorisation. La victime cherchant à être bonne, souvent, n'osera pas exprimer sa détestation car « ce n'est pas beau », ce n'est pas conforme à une bonne image. Alors, à l'instar du pervers, elle procédera à un déni et, incapable de projeter autre chose que de beaux sentiments, elle retournera sa haine contre elle-même, devenant son propre bourreau pour protéger l'autre ainsi que sa propre image. Il n'est pas rare de voir des victimes encore dépressives des années après leur séparation ou leur licenciement. La colère fait partie du processus de deuil. La victime, en ne s'autorisant pas à détester, ne peut pas procéder à un deuil salutaire. Déculpabiliser la victime de ses sentiments négatifs, lui faire comprendre qu'il peut être normal de détester, peut lui permettre d'expulser une part de ses affects en osant reconnaître et exprimer ses sentiments vécus comme négatifs.

**Tu es nul !**

Michel est directeur d'une entreprise, il aimerait voir Salvador partir. Alors, il fait tout pour le pousser à la démission. Un vendredi soir, il appelle Salvador et lui dit très en colère : « Ce que tu as fait est très mauvais, ça va mal se passer ! » Salvador lui demande à quoi il fait référence, Michel lui répond : « Tu le sais très bien. Je n'ai pas le temps d'en parler maintenant. Nous verrons lundi, je dois partir, mais attends-toi à ce que ça se passe mal. » Pendant tout le week-end, Salvador se sent mal, il tourne et retourne dans sa tête les derniers événements passés. Le lundi, il est dans l'attente que Michel le convoque. Il ne sera jamais convoqué. Salvador me dit : « J'ai fini par comprendre qu'il se contentait de planter une graine, généralement à la veille d'un week-end ou de mes vacances. Ensuite, c'était moi qui faisais le travail, je devenais mon propre bourreau. J'angoissais tellement que j'ai fini par tomber malade. »

Salvador cherche à être conforme à l'image qu'il s'imagine être la bonne. Les injonctions paradoxales de Michel l'en empêchent, elles ne reposent sur rien. En ne se mettant pas en colère, Salvador fait le jeu de Michel. De plus, une fois les injonctions délétères semées, c'est Salvador qui se fait du mal en pensant et repensant sans cesse aux derniers événements et en cherchant à comprendre. Incapable de projeter sa colère sur Michel, Salvador se rend malade.

## Faire le ménage dans son entourage

Isabelle me demande : « Depuis que j'ai entamé une analyse, j'ai remarqué que mes relations avec mon entourage changent. Nos failles rassurent-elles les autres ? »

Quand on fait un travail sur soi, nos rapports avec les autres changent. Nos projections s'apaisent en même temps que nous intégrons nos failles et nos attentes sont plus proches de nos valeurs que du besoin de répétition de nos traumas ou du besoin de satisfaire à tout prix les attentes des autres. Il se trouve parfois dans notre entourage des gens qui trouvaient avantage à nous fréquenter du fait de nos failles. Effectivement, cela les rassurait. Il n'est pas rare que des parents, des amis ou des conjoints s'opposent à la thérapie de leurs proches, parfois avec véhémence. Ils peuvent dire qu'ils ont peur de perdre l'autre ou de l'emprise du thérapeute sur leur proche. En fait, souvent, ils ont peur de perdre le porteur du symptôme ce qui aurait pour effet de mettre en exergue les leurs et les obligeraient soit à se regarder en face, soit à trouver d'urgence un nouvel objet. Mais sommes-nous là pour rassurer notre entourage par nos malaises ? Un des effets du travail sur soi peut être de voir ces personnes s'éloigner. D'autres changent et s'adaptent et souvent, on rencontre de nouvelles personnes. Quand notre esprit change, le monde change.

## Nommer un tiers

Par son comportement, le pervers se place au-dessus des lois. Que le petit enfant ait entendu la loi posée par sa mère, son père, une tante, un oncle, un éducateur ou toute autre personne, dans l'inconscient, selon la psychanalyse, la loi est à mettre du côté du père.

Le pervers tente de rendre nulle et non avenue la parole du père et donc sa réalité psychique. Paul-Claude Racamier parle même d'autoengendrement. Dans son fantasme, le pervers se serait fait tout seul. Il ne peut supporter l'idée de l'existence paternelle, sauf à l'utiliser à des fins personnelles. La présence d'une personne représentant la loi sera insupportable pour le pervers. Elle risquerait de mettre en exergue ses mécanismes et le placerait face à une grande angoisse.

**La loi vous l'interdit !**

Quand Jean-Pierre embauche Estelle dans sa pépinière, il lui propose un salaire fixe ainsi qu'un intéressement aux ventes pour rémunération. D'intéressement, Estelle n'en verra jamais la couleur. Elle finit par se présenter dans son bureau munie de son contrat pour réclamer son dû. Jean-Pierre lui arrache le contrat des mains et s'empare d'un stylo pour biffer les clauses qu'il ne reconnaît plus. Estelle a beau tempêter, Jean-Pierre ne l'entend pas. Enfin, Estelle dit : « Ce contrat n'est qu'une photocopie, l'original est déposé dans un syndicat. » Alors, en ricanant, Jean-Pierre l'embrasse sur la joue sans lui demander son accord, jette le contrat par terre et sort de la pièce. Estelle est choquée par le passage à l'acte de Jean-Pierre, mais rassurée car elle a pu récupérer le seul exemplaire existant de son contrat.

Tant que Jean-Pierre se sent à l'abri du regard des autres, il se sait tout-puissant. Ce n'est que lorsque Estelle invoquera un tiers représentant la loi que Jean-Pierre changera d'attitude.

N'ayant pas abordé l'Œdipe, le pervers ne supporte pas la triangulation, c'est-à-dire la présence d'un tiers qui vient s'insinuer dans la relation mère/enfant et imposer de nouvelles règles. Il agit le plus souvent en secret et à l'abri des regards qui pourraient le juger et ternir son image. Nous l'avons vu, le pervers se vit castré, incomplet. Il ne tire son pouvoir que dans les apparences, illusion bien fragile qui, il le sait, ne tiendrait pas face à un tiers cohérent et ayant suffisamment de distance pour pouvoir porter un jugement logique. En nommant un tiers représentant la loi, Estelle réintroduit la notion de père là où le pervers ne peut le supporter. Il est intéressant de voir que le passage à l'acte de Jean-Pierre (le baiser volé) est particulièrement infantile.

**Nuire à l'autre en manipulant ses amis**

Profitant de son départ en vacances, pour la première fois, Jacques accepte quand Pierrette exige à nouveau leur séparation. Ensuite, en pleurs, elle va contacter l'entourage familial et amical de Jacques et notamment le directeur de la troupe de théâtre pour expliquer sa souffrance due à l'abandon de Jacques. Alors, son entourage reproche à Jacques d'avoir abandonné Pierrette et de la faire souffrir. Paradoxalement, Jacques, qui avait toujours protégé l'image de son amie en se taisant quant à leurs problèmes, va devoir expliquer ce qu'il a vécu. Une partie de ses proches reste incrédule : « Elle avait l'air si gentille… » Jacques devra même se couper de certains de ses amis qui semblent trouver un bénéfice à participer au chaos.

En contactant l'entourage de Jacques, Pierrette cherche à redorer son image et à nuire à Jacques pour l'empêcher de se reconstruire. Par son attitude, elle tente de nouvelles attaques par procuration en installant son chaos dans le milieu de Jacques.

Plutôt que de le nier, elle tente d'utiliser le tiers, équivalent paternel, qu'est le directeur de la troupe de théâtre. Prenant les devants, c'est elle qui nomme le tiers en tentant de le séduire et de le manipuler. Heureusement, les explications de Jacques ont raison de la manipulation de Pierrette et le directeur se positionnera en demandant à Pierrette de ne plus fréquenter la troupe quand Jacques est là et lui conseillera de trouver un autre groupe.

**Franck va trouver la psychanalyste de Magali…**

Pour s'en sortir, Magali entame une psychanalyse. Quand Franck l'apprend, il prend rendez-vous avec la thérapeute de Magali sans lui dire qui il est vraiment. Il lui explique alors à grand renfort d'exemples, comment il est victime d'une perverse narcissique. Ce n'est qu'à la fin de la séance qu'il dira que sa femme est Magali et qu'elle est déjà en travail avec l'analyste. Heureusement, la psychanalyste signifiera à Franck que si elle l'avait su avant, elle ne lui aurait pas donné de rendez-vous et lui demande fermement de se choisir un autre thérapeute.

Jean-Pierre ne supporte pas la présence d'un tiers, Pierrette et Franck tentent de le séduire pour se l'approprier. Dans les deux cas, le tiers saura poser la loi et ramener la situation à plus de cohérence.

## Combattre le pervers

Paul-Claude Racamier dit du pervers : « Tuez-le, il s'en fout. Humiliez-le, il en crève[1] !» Si vous vous emportez face à un pervers narcissique, surtout en public, il y a fort à parier qu'il profitera du contexte qu'il a mis en place et qu'il retournera votre agressivité contre vous : « Enfin, tu te révèles... Nous te savions méchant, mais pas à ce point... » Mais si vous le blessez, l'humiliez ou si vous révélez sa faille narcissique en démontrant que c'est lui qui est mauvais, Paul-Claude Racamier explique qu'il pourrait entrer en suicidose, c'est-à-dire, retourner sa rage contre lui-même et s'autodétruire. Le cas échéant, il devra trouver d'urgence un nouvel objet au risque de se suicider. Mais cela pose la question de nos propres aspects pervers. Il est normal, quand on a subi trop d'attaques dénarcissisantes, de vouloir expulser sa rancune vers l'autre, de lui rappeler ses torts et sa responsabilité. Mais n'oublions pas que le pervers est un être humain particulièrement fragile.



1. Racamier P.-C., *Le génie des origines*, *op. cit.*

## Le Festin de pierre

Dans *Le Festin de pierre* de Molière, Dom Juan « tue ses pères ». Au début de la pièce, il désobéit à son père réel, et va là où il lui a interdit d'aller, rendant sa parole nulle et non avenue. Plus loin, il séduit doña Elvire, qui devait épouser Dieu en devenant nonne et en entrant au couvent. En se mariant à doña Elvire qu'il abandonne aussitôt, il prend la place de ce père imaginaire qu'est Dieu. Ensuite, il rencontre le commandeur, représentant la loi, qu'il tue lors d'un duel. Mais son fantôme le hante. À la fin, la statue de pierre du commandeur[1] vient chercher Dom Juan pour l'emmener aux enfers. Freud explique : « La névrose repose sur une détresse du refoulement. » Paul-Claude Racamier ajoute : « La psychose repose sur une détresse du déni. Si le déni était parfait, ce serait la perversion. » Incapable de maintenir le déni, Dom Juan est hanté par ses angoisses et sombre en enfer.

L'exemple de Dom Juan illustre bien la fragilité du pervers. N'oublions pas qu'il se défend par ses actes d'une psychose latente. Gagner contre un pervers, c'est prendre le risque de l'entraîner en enfer ou de le mener au suicide. Cela pose encore une fois la question de notre responsabilité, de nos valeurs donc de nos propres aspects pervers.

## Sortir de la répétition

Freud dit : « Ce qui est demeuré incompris fait retour ; telle une âme en peine, il n'a pas de repos jusqu'à ce que soient trouvées résolution et délivrance[2]. »

1. D'où le titre *Le Festin de pierre*.
2. Freud S., « 1909. Analyse d'une phobie d'un petit garçon de cinq ans : le petit Hans » in *Cinq leçons sur la psychanalyse*, Payot, 2001.

Nous l'avons vu, plusieurs instances s'opposent dans notre psychisme. Une instance pulsionnelle qui au nom du principe de plaisir et de constance ou d'homéostasie[1] tend à faire « sortir » nos pulsions (le ça), une instance interdictrice qui contient nos valeurs morales, mais aussi les valeurs idéalisées de nos éducateurs (le surmoi) et le moi qui compose entre les désirs du ça, les interdits du surmoi et la réalité extérieure. Le résultat de ces désirs opposés crée des conflits coûteux en énergie. Pour évacuer nos pulsions, nous pouvons être amenés à dire ce que nous aurions voulu ne pas dire (lapsus), faire ce que nous aurions préféré ne pas faire (acte manqué), rêver l'impensable, etc. La compulsion de répétition tend à nous ramener dans la réalité vers des situations difficiles ressemblant étrangement à des situations de l'enfance sans doute, dans l'espoir inconscient de résoudre enfin le problème et de dégager l'angoisse y afférente.

**Revenir sans cesse à ses angoisses d'enfant**

Jacques : « Enfant, Pierrette savait que sa mère avait des amants. Il arrivait qu'elle ne rentre pas pendant plusieurs jours. Pierrette pouvait assister à l'angoisse de son père et elle se sentait abandonnée. Moi, je me souviens, enfant, attendant mes parents à la sortie de l'école ; il est arrivé qu'ils m'oublient. »

« Quand nous étions heureux, Pierrette et moi, elle entrait dans une angoisse folle, elle était certaine que j'allais l'abandonner. C'est à partir de là qu'elle commençait à me menacer. Quand je la sentais si mal, je la prenais contre moi pour la rassurer et c'était un grand bonheur. J'avais tendance à la materner. Je n'ai compris que beaucoup plus tard que c'est justement ça que j'avais à payer. »

1. L'homéostasie est le principe qui fait que notre organisme ou notre psychisme tend naturellement vers l'équilibre. Par exemple, si l'on mange trop salé, notre organisme réclame de l'eau pour rétablir un équilibre dans notre corps, soit un certain taux de sel par litre d'eau. Il en va de même pour notre psychisme qui ne peut supporter qu'un certain état de tension.

Jacques et Pierrette ont en commun une angoisse d'abandon. Jacques prend le rôle de la bonne mère avec son amie. Elle, le rôle de la mauvaise. Chacun luttant avec ses moyens contre son angoisse infantile. Les mécanismes pervers que Pierrette met en place sont consécutifs des mauvais traitements qu'elle a subis dans les premiers temps de sa vie.

**Gérard et ses femmes**

Gérard est le seul homme de la famille, dernier-né d'une fratrie de trois enfants. Le père de Gérard a quitté le foyer il y a longtemps. Entre sa mère et ses sœurs aînées, Gérard étouffe. Pleines de gentillesses envers lui, elles entendent diriger sa vie. Gérard part de la maison quand il rencontre Claire. Claire vit avec sa mère et sa sœur aînée. Gérard s'en va vivre dans la famille de son amie et retrouve exactement le même schéma. À l'identique, il se retrouve à vivre avec trois femmes qui l'adorent et sont bien décidées à prendre sa vie en main. Un an plus tard, il rencontre Odette qui a vingt ans de plus que lui et part avec elle. Ils vivent ensemble et Gérard l'aide à élever ses deux filles.

Même si nous pouvons partir pour fuir une situation, il est tellement rassurant de retrouver ce que nous connaissons, qu'il peut nous arriver de reproduire certaines scènes à l'identique. Il n'est pas rare de voir une femme battue quitter son conjoint après des années de lutte pour rencontrer de nouveau un homme violent. Tant que la problématique de l'enfance ne sera pas résolue, que l'angoisse infantile n'aura pas été retrouvée et que nos schémas n'auront pas été dénoués, la situation anxiogène risque de se répéter à l'infini.

S'il est peu souhaitable de proposer, au sortir d'une expérience difficile, à la victime d'un pervers narcissique de faire un travail de remise en question, il sera nécessaire que cela se produise dès qu'elle aura récupéré suffisamment d'énergie et de confiance en elle afin de ne pas retourner dans une situation similaire. D'abord, se soigner, ensuite se reconstruire, enfin se remettre en question.

## Ne plus chercher son image dans le regard de l'autre

Paradoxalement, il est plus facile à un enfant de se séparer de parents suffisamment bons que de parents qui ne l'ont pas été. Adulte, il est aussi plus facile de faire le deuil de quelqu'un auprès de qui nous avons trouvé une bonne image.

Observons l'enfant au square. D'abord, il n'ose pas se séparer de son référent. Puis, il fait quelques pas et revient vite. Ensuite, il ose s'éloigner, mais tourne régulièrement la tête pour vérifier la présence de l'adulte. Enfin, s'il est suffisamment rassuré, il finira par oublier son accompagnateur et s'adonnera pleinement aux jeux. En fait, il a intégré en lui la présence d'un adulte suffisamment rassurant tout en prenant confiance en lui.

L'enfant ou même l'adulte en quête de son image, aura beaucoup de mal à quitter quelqu'un qui ne lui a pas renvoyé une bonne représentation. Il n'est pas rare que la victime d'un pervers dise : « L'autre se trompe, il ne m'a pas compris. Je vais être encore meilleur, alors il m'aimera… »

En fait, pour quitter un pervers et surtout pour ne plus en rencontrer, il faut trouver tout bon moyen de tourner notre regard sur nous-mêmes, d'arriver à nous connaître suffisamment, à rencontrer notre image par nous-mêmes pour pouvoir la dépasser, l'oublier. Il s'agit peut-être d'accepter que nous avons des défauts et évidemment des qualités, des manques mais aussi des capacités. Alors, nous ne chercherons plus notre image dans le regard de l'autre.

## Apprendre à désirer

Pourquoi certaines personnes ne s'inscrivent-elles que dans le désir de l'autre ? Pourquoi ne s'autorisent-elles pas à désirer par et pour elles-mêmes ? Ainsi, Gabriel, le compagnon de Vanessa, ne concrétise que les souhaits de sa compagne et n'émet jamais de désirs qui lui sont propres.

Si s'inscrire exclusivement dans le désir de l'autre revient à nier ses propres désirs, il est évident que l'origine est en lien avec l'Œdipe et certainement l'incestuel, c'est-à-dire les désirs interdits. Pour Paul-Claude Racamier, nous le verrons en détail dans le chapitre 9, l'incestuel, qui est en lien avec une problématique parentale, est un fantasme antifantasme. Il empêche le fantasme, donc l'accès à sa propre capacité à désirer pour soi, car nous le reverrons, on ne peut fantasmer que ce qui semble inaccessible. Si l'on rapproche la question des perversions narcissiques, on peut dire que le pervers dénie les désirs et même la subjectivité de sa victime. Le problème est que parfois, la victime peut être amenée à nier l'ensemble de ses désirs. Elle peut alors s'inscrire non seulement dans le désir de l'autre, mais aussi dans son discours et son jugement. Le pervers lui dit qu'elle est quelqu'un de bien, elle se sent quelqu'un de bien. Le pervers lui dit qu'elle est mauvaise, elle se sent mauvaise. Bien souvent, la victime, à l'instar du pervers, est toujours dans l'attente d'obtenir une image, une identité. Elle n'est pas capable de désirer par elle-même car elle n'est pas vraiment consciente d'elle-même. À l'extrême, les personnalités schizoïdes[1] se coupent de leur intérieur puis se coupent des autres car elles ont été les esclaves de la parole, des actes et des désirs des autres.

Pour en revenir à l'éducation de nos enfants, évitons de leur demander d'agir pour nous faire plaisir et de s'inscrire dans notre désir : « Fais-moi plaisir, mange ta soupe ou fais tes devoirs... »

**Faire confiance à ses enfants**

Les parents de Pierre sont séparés. Pierre vit avec sa mère. Lors de son passage en seconde, la mère réclame son redoublement du fait de ses résultats

1. Voir en addenda les personnalités limites.

et le directeur de l'école prône le passage de Pierre dans un BEP qu'il considère lui-même comme une voie de garage. Pierre se tourne alors vers son père. Celui-ci lui dit qu'il a confiance en lui et lui demande ce que *lui* désire. Pierre répond qu'il veut vivre avec son père, passer en seconde et se diriger vers un bac traditionnel. Pierre passera en seconde, obtiendra son bac avec mention puis se lancera dans des études supérieures. En le reconnaissant comme digne de confiance, son père autorise Pierre à prendre en main sa propre vie en désirant par lui-même et pour lui-même. Il y a là une sorte de transfert d'autorité, de transmission. Suffisamment rassuré quant à son image, autorisé à désirer par lui-même, Pierre peut prendre en main les rênes de sa vie.

## Sublimation et résilience

### La sublimation

La sublimation est un mécanisme de défense particulièrement adapté à une conduite correcte. Les pulsions sont déplacées vers des buts socialement valorisants. L'agressivité, les désirs sexuels peuvent être détournés vers des buts sportifs, artistiques ou moraux, ce qui en fait, aux yeux de certains psychanalystes ou psychologues, la défense idéale. Certains vont même jusqu'à faire de la sublimation l'objectif de tout travail sur soi, ce qui permet une meilleure adaptation au milieu social. Or, si l'on considère la sublimation comme un mécanisme de défense, même anticonflictuel, il n'en reste pas moins inconscient. Dans l'exemple du patient syndicaliste et de son lapsus, après avoir fait une analyse, il reste syndicaliste, mais ses buts inconscients disparaissent. Il ne se bat plus contre ses parents (« parrons ») mais véritablement pour une plus grande justice sociale. Plus on rencontre son inconscient, moins on utilise de mécanismes de défense et plus on gagne en liberté. Nous ne sommes plus guidés par des forces inconscientes qui nous échappent, mais par nos réelles motivations ce qui nous engage sur la voie de la résilience.

**Réussir pour soi**

Xavier revient de l'école et annonce à son père qu'il a eu un quatorze sur vingt à son devoir. Le père, apparemment exigeant pour son fils, lui dit que ce n'est pas assez. Alors, Xavier redouble de travail et présente quelque temps plus tard à son père un seize sur vingt. Le père n'est toujours pas satisfait et demande à son fils de faire des efforts. Quand Xavier lui présentera un dix-neuf sur vingt, son père lui demandera pourquoi il n'a pas eu vingt.

Xavier attend la reconnaissance de son père, en même temps qu'il nourrit une rancune de ne pas l'obtenir. Il met donc toute son énergie au service de ses études. Il deviendra professeur mais n'aura pas la reconnaissance attendue. Quand il annoncera fièrement à son père qu'il vient de réussir l'agrégation, son père lui demandera : « On t'en a fait cadeau ? »

Sous couvert d'exiger le meilleur pour son fils, le père de Xavier refuse de le reconnaître et le place en situation d'échec. L'utilisation de ses pulsions, sublimées au service de l'apprentissage, permet à Xavier de faire de hautes études. Il pourrait en remercier son père. Mais si Xavier est professeur agrégé, longtemps, il vivra sous antidépresseurs.

Ce n'est qu'après une psychanalyse que Xavier renoncera à la reconnaissance de son père, retrouvera son équilibre et pourra entrer en résilience. Depuis, il ne prend plus d'antidépresseurs. Il a créé un lieu d'exposition pour jeunes artistes où ils peuvent exposer leurs œuvres et obtenir la reconnaissance de leurs pairs et du public. Grâce à son analyse et à la conscientisation de l'origine de ses désirs, Xavier est passé de la sublimation de ses pulsions à une véritable résilience.

## La résilience

En physique, la résilience est la capacité qu'offre un matériau après avoir été compressé de reprendre sa forme initiale. Si vous écrasez une balle en mousse, elle reprendra sa forme dès que vous la lâcherez. La résilience en psychologie est la capacité à supporter de grandes pressions, à faire face à l'adversité mais aussi à pouvoir se reconstruire psychiquement en cas de destruction de ses structures qu'elles soient physiques, psychiques ou matérielles. Les notions de résilience ont notamment été développées par Boris Cyrulnik dans ses ouvrages : *Les vilains petits canards* et *Un merveilleux malheur*[1].

**Une autre vie après un accident**

Lors d'un accident d'escalade, René perdra une partie de sa jambe. Après, s'être soigné, adapté puis reconstruit, René est devenu éducateur sportif auprès de jeunes handicapés. Outre ses qualités sportives, il est l'exemple vivant aux yeux des jeunes gens que l'on peut dépasser son handicap. René est très heureux de son nouveau rôle, lorsqu'il parle de son accident, il en parle comme d'une chance dans sa vie.

Dans les exemples précités, il émerge que les principaux mécanismes qui permettent la résilience à l'inverse de la sublimation, sont conscients. Pour Boris Cyrulnik, les facteurs de résilience sont notamment, l'acquisition de ressources internes, les rencontres, les possibilités de paroles et d'actions, la capacité de mettre du sens sur ce qui nous arrive, l'amour propre, le sens de l'humour…

La plupart de nos ressources internes et de nos capacités créatives ont été développées durant l'enfance. Nous allons le voir, Winnicott, psychanalyste anglais a beaucoup travaillé sur le jeu comme espace transitionnel entre le fantasme et la réalité et son interaction sur l'évolution de l'enfant.

1. Cyrulnik B., *Un merveilleux malheur*, Éditions Odile Jacob, 1999 ; *Les vilains petits canards*, Éditions Odile Jacob, 2001.

Chapitre

# Aux sources de la perversion

## Des enfants maltraités ?

Peut-on dire que tous les pervers narcissiques ont été victimes de maltraitances ?

Tout dépend, là encore, de la définition que nous donnons à la maltraitance. On pourrait chercher l'intention de l'éducateur pour définir la maltraitance, ce qui bien souvent, nous le verrons est juste. Mais certaines formes de « non bien-traitance » peuvent résulter d'un esprit de bienveillance. Une enquête a révélé que des enfants élevés dans des orphelinats d'Europe de l'Est, qui n'avaient jamais reçu ni de bons ni de mauvais traitements, présentaient des carences psychologiques car ils n'avaient jamais pu formuler de demande. Les mêmes carences ont été repérées chez des enfants particulièrement gâtés. Si l'enfant est nourri avant d'avoir faim, s'il obtient avant de désirer, il ne formulera jamais de désir et ne connaîtra pas la frustration. Or, nous l'avons vu, c'est dans sa capacité à désirer et à renoncer que l'homme se développe et c'est dans sa rencontre avec les règles et les limites qu'il se structure. L'enfant qui ne connaît pas de limites ou qui rencontre des limites trop écrasantes ou paradoxales aura des difficultés à se structurer.

**Fixer des limites à son enfant**

Le père de Nicolas est artiste, il quitte le foyer, abandonnant sa femme et ses quatre enfants pour s'adonner à son art. Nicolas m'explique qu'il n'a jamais manqué de rien, qu'il ne connaissait pas la violence et que pourtant, il vit dans une angoisse permanente et peut se montrer très agressif et méprisant envers son conjoint. Enfant, il reconnaît qu'on lui a donné beaucoup d'amour mais qu'on ne lui a pas fixé de limite. En effet, déjà, préadolescent, lorsqu'il rentrait tard ou n'assistait pas aux repas, on ne lui disait rien.

Beaucoup d'entre nous redoutent le conflit. Or le conflit peut être utile et structurant. Prenons l'exemple d'un adolescent qui annonce à ses parents que ce soir il sort et qu'il ne sait pas quand il rentrera. Quand son parent s'y oppose, l'adolescent monte dans sa chambre et s'y enferme en claquant la porte. Il est important de comprendre que l'enfant, même s'il montre de la colère, a été rassuré. Il a trouvé en dehors de lui les limites qu'il n'est pas sûr de posséder pleinement.

Nous l'avons vu, quand la pulsion, qu'elle soit agressive ou sexuelle, se présente, le pervers passe à l'acte quand le névrosé s'en empêche et refoule ou déplace sa pulsion. Le premier, à la différence du second, n'a pas de limite. Quand Nicolas pressent une pulsion, il est terrorisé car il a l'impression qu'il pourrait passer à l'acte contre son gré, que rien ne pourrait l'en empêcher. Ses parents ne l'ont pas aidé à se structurer. Sa violence est en fait une peur et un rejet de lui-même.

Quand on donne une tape sur les fesses d'un petit enfant pour lui signifier qu'il a dépassé une borne, ou quand un enfant réclame à manger en dehors des repas et qu'on lui dit que l'on a bien entendu sa demande, et qu'il devra attendre l'heure du repas, on fait acte de compassion en l'aidant à s'élever.

Nombre de pervers ont subi des actes de maltraitance évidents, mais nombre d'entre eux aussi, sont des enfants gâtés qui n'ont pas rencontré de limites ni de frustration, ce qui ne leur a pas permis de se structurer.

Certains psychanalystes se sont penchés sur l'évolution de l'enfant et ont cherché les causes d'une bonne ou d'une mauvaise évolution. Winnicott trouve dans la première relation mère-enfant, l'origine de son évolution psychique. D'abord dans le maniement et le regard de la mère, puis dans les espaces et les objets transitionnels qui seront mis à sa disposition. Paul-Claude Racamier, lui, voit dans une relation incestueuse des parents à l'enfant, l'origine de ce qui empêchera son évolution et qui ne lui permettra pas d'accéder à l'Œdipe puis de se séparer de ses référents.

## Jeu et réalité

Dans son livre *Jeu et réalité*[1], Winnicott nous propose des outils pour comprendre l'évolution de l'enfant et sa capacité à être et à penser, c'est-à-dire à jouer dans la réalité avec son individualité. Pour Winnicott, la créativité est placée comme la possibilité de se positionner dans la communauté sans nier sa propre subjectivité.

Pour passer du sentiment d'être tout à la relation d'objet puis à la subjectivité, l'enfant utiliserait ce que Winnicott nomme les objets et les espaces transitionnels. Quand le bébé appelle et que la mère ne vient pas, l'enfant devra trouver par lui-même un objet de substitution à la mère, un objet transitionnel pour supporter son absence, ce sera le pouce, la tétine ou tout autre objet de remplacement. C'est là que se jouent le sens et la symbolique qui permettront à l'enfant de tendre vers l'objectivité

1. Winnicott D. W., *Jeu et réalité*, Folio Essais, Gallimard, 2002.

dans les interactions qu'il crée avec le monde. Dans un lieu entre fusion et séparation, l'enfant va entrer dans une expérience où sa créativité va se révéler. La créativité permet à l'individu de s'inscrire dans la communauté tout en conservant sa subjectivité. Winnicott appelle « aire intermédiaire[1] » les expériences que fait l'enfant entre le moi et le non-moi, c'est-à-dire les objets extérieurs à lui. C'est par le jeu et les relations qu'il nouera autour de lui que l'enfant acquerra son indépendance.

À l'origine, nous l'avons vu, le nourrisson est incapable de se séparer par lui-même. Il vit un sentiment d'omnipotence, comme s'il remplissait lui-même ses propres besoins. Il est dans l'illusion de sa toute-puissance. Dans l'expérience de toute-puissance, l'objet est à la fois trouvé et créé. Le bébé ne distingue pas le fantasme (objet créé) de la réalité (objet trouvé), le moi du non-moi. Quand l'enfant percevra objectivement les objets, il tentera de les détruire. Sa pulsion sera une tentative de se décoller de l'objet, tout en gardant une emprise sur lui. Il cherche à vérifier sa toute-puissance pour ne pas sortir de l'illusion. Le jeu permet le désillusionnement face à la perte de ce contrôle magique et permet d'accéder au sentiment de liberté. L'enfant qui a un développement sain sort de l'omnipotence après avoir tenté de détruire l'objet pour se mettre à jouer avec et construire sa réalité. Le pervers narcissique, n'ayant pas été rassuré dans son enfance, est resté fixé aux premiers temps de sa vie et tentera sans cesse de vérifier sa toute-puissance, quitte à détruire ceux qui l'entourent, en essayant de comprendre, voire de recréer sa réalité. Sa victime étant pour lui comme un objet transitionnel, il tente de la détruire puis retourne la rechercher dans la réalité. N'ayant pas été mis à distance de sa mère, il n'a pu trouver sa propre image, piégé entre désir de fusion et besoin de distance, il vérifie sa toute-puissance par la séduction et cherche à se décoller de l'autre en essayant de détruire son image.

1. Winnicott D. W., « Objets transitionnels et phénomènes transitionnels » in *De la pédiatrie à la psychanalyse*, Payot, 1989.

## L'importance de l'environnement

La mère œuvre à la satisfaction du bébé. C'est ce que Winnicott appelle la préoccupation maternelle primaire. Si l'environnement est suffisamment bon, le bébé va vivre une expérience d'omnipotence avant d'atteindre une maturation suffisante pour entamer le processus de séparation entre le moi et le non-moi. Selon Winnicott, pour assurer son rôle, l'environnement doit pourvoir le *holding*, le *handling* et l'*object-representing*.

- Le *holding*, représente ce qui va étayer psychiquement l'enfant, c'est-à-dire servir de soutien à son moi. L'enfant le trouvera d'abord dans le regard de sa mère et sa capacité à répondre à ses besoins puis dans les relations qu'il nouera avec son entourage.
- Le *handling*, « le maniement » de l'enfant qui, s'il est suffisamment sécurisant, lui permettra de délimiter son corps.
- L'*object representing* consiste en l'initiation progressive à la réalité en mettant des objets à la disposition de l'enfant pour qu'il les expérimente.

**Une mère paradoxale**

Pierrette confie : « Ma sœur m'a raconté que quand j'étais bébé, ma mère alcoolique ne supportait pas mes pleurs d'enfant. Elle pouvait donner de grands coups de pied dans mon berceau. Ensuite, elle culpabilisait et allait m'acheter des jouets. Aujourd'hui encore, elle peut m'insulter un soir et venir le lendemain à la maison me donner de l'argent pour m'aider à m'en sortir. »

Elle-même chaotique, la mère de Pierrette n'a pas su apaiser son enfant. Adulte, Pierrette remettra en place les mêmes schémas, alternant moments d'amour et périodes de haine pour celui qu'elle aura identifié comme objet d'amour.

## Les variations du visage de la mère

Winnicott explique qu'au début, le bébé n'existe pas, c'est-à-dire qu'il n'a pas de sentiment d'existence en lui-même. Il tourne son visage vers celui de sa mère pour tenter d'y voir quelque chose de lui-même. Si sa mère le considère comme une personne, il va pouvoir entrer en contact avec sa propre existence. Cela sera possible si la mère le regarde comme un individu et non pas comme une partie d'elle-même ou si elle s'identifie à lui. Grâce à un renforcement par le moi maternel, le moi de l'enfant sera intégré à l'intérieur et le non-moi projeté à l'extérieur ce qui permettra progressivement à l'enfant de se démarquer de sa mère et donc du monde extérieur.

La mère du pervers n'a pas su conforter son enfant et l'aider à se séparer. Soit qu'elle l'ait pris pour une partie d'elle-même, utilisé comme phallus, comme porteur de son symptôme et responsable de son mal-être ou rejeté. L'enfant n'a pu intégrer l'image de sa mère qu'au prix d'un clivage délirant : pour continuer d'aimer sa mère, l'enfant a dû dénier son aspect négatif et intégrer une image délirante de sa mère. Il devra donc soutenir son fantasme et rejeter tout aspect négatif de son parent, quitte à le projeter dans un autre, identifié cette fois comme mauvais objet. Par la suite, ce n'est de nouveau qu'au prix d'un clivage, puis de projections massives dont sa victime fera les frais que le pervers pourra trouver une relative paix intérieure face à ses objets internes.

### Une réaction surprenante

Olivia et Françoise travaillent dans le même bureau. Olivia a perdu sa mère très jeune et s'est retrouvée seule pour élever son petit frère avec son père. Françoise a été maltraitée par sa mère durant son enfance. Françoise est toujours très proche de sa mère. Quand sa mère est hospitalisée avec un diagnostic critique, Françoise entre dans un état de grande angoisse. Un soir,

Olivia la prend dans ses bras pour la consoler. Le lendemain, Olivia arrive plus tôt que Françoise au bureau. Elle a besoin d'utiliser un téléphone et prend celui de Françoise. Quand Françoise arrive et qu'elle voit Olivia avec son téléphone, elle l'empoigne au cou et tente de l'étrangler. Heureusement, des collègues de travail entendent le bruit de la lutte et viennent les séparer. Olivia sera hospitalisée et portera une minerve pendant plusieurs mois. Olivia a pensé bien faire en consolant et contenant Françoise. Elle s'est posée en bonne mère en la prenant dans ses bras. Elle ne pouvait pas imaginer que Françoise procéderait à un clivage (bonne mère/mauvaise mère) et dirigerait sa violence et sa rancune contre elle, ce qui lui permettrait de continuer d'aimer sa mère, temporairement libérée de sa haine.

## Le fantasme

Freud découvre le fantasme avec ses patients névrosés. Il comprend que c'est le fantasme inconscient qui structure l'activité psychique. Le développement de l'enfant s'organise autour d'activités fantasmatiques. Dans sa première théorie des névroses, Freud pensait qu'un inceste en était la cause. Puis, il comprend qu'il s'agit d'un fantasme inconscient qui cherche à émerger et que le fantasme est la réalisation de désirs refoulés. Donc, ses patients ne mentent pas, ils s'illusionnent. Freud invente alors la théorie de l'Œdipe qu'il voit comme le conflit nucléaire de toutes les névroses.

Dans le fantasme, la personne est le sujet de son propre désir puisque sujet de son propre inconscient (qui est celui qui dirige ses fantasmes). Son désir étant interdit, le fantasme va se poser entre le désir et l'interdit. Il reste secret car de nature incestueuse. Freud décrit le fantasme comme un scénario : il doit corriger et étayer la réalité.

Nous l'avons vu, le psychisme est régi par le principe de plaisir (inconscient) et par le principe de réalité (conscient). Le fantasme, à mi-chemin, permet de garder une zone protégée où règne le principe de plaisir sans préjudice dans la réalité. Pour une personne normalement structurée, la réalité est frustrante et le fantasme fort. Le fantasme permet de pallier les désirs interdits. Pour le pervers, le fantasme est faible. Il ne supporte pas la frustration, ne peut se contenir et est dans le passage à l'acte.

**Princesse ou ogre ?**

Quand Estelle ne supporte plus son employeur, elle visite les magasins de vêtements de luxe et s'imagine habillée en princesse. Un jour, Franck trouve un P.V. sur son pare-brise, il rentre chez lui en rage et gifle sa fille car elle n'a pas fait ses devoirs. Estelle fantasme un pouvoir retrouvé, habillée en princesse, Franck passe à l'acte agressif pour se débarrasser de sa rage et de son impuissance face à l'autorité.

## Les mythes d'Œdipe et d'antœdipe

N'ayant pas pu accéder à l'Œdipe, le pervers n'a pas eu la possibilité de se structurer. Il n'a donc que peu de limite pour s'empêcher d'agir. Paul-Claude Racamier nomme « antœdipe » ce qui l'a empêché d'accéder à l'Œdipe. Si la genèse des perversions peut se comprendre grâce à Winnicott dans les relations précoces mère-enfant, Paul-Claude Racamier propose de l'envisager sous l'angle de l'incestualité et de ses conséquences sur l'Œdipe.

Avant d'aborder les notions d'incestualité et d'antœdipe[1], il est très important d'avoir compris deux points :

- Dans l'histoire de l'individu, le fantasme de l'Œdipe est structurant. L'enfant projette ses désirs et son agressivité sur ses parents. De là, naît

1. Racamier P.-C., *L'inceste et l'incestuel*, Éditions du collège de psychanalyse, 1995 ; *Antœdipe et ses destins*, Éditions Apsygée, 1989.

une angoisse nommée en psychanalyse angoisse de castration. L'enfant au développement sain renoncera à ses désirs pour échapper à son angoisse et mettra ses énergies au service de l'apprentissage, de la création et des valeurs morales.

- Le complexe d'Œdipe n'est en aucun cas un complexe familial. Il est la production d'un seul individu : l'enfant.

Nous l'avons vu, d'abord, Freud écoute ses patients, il découvre dans leur discours ce qu'il croit être une séduction sexuelle de l'enfant exercée par l'adulte. Puis, Freud comprend qu'il s'agit d'un fantasme créé par l'enfant à partir de ses désirs. Il émet alors l'hypothèse du fantasme de l'Œdipe et invente la psychanalyse.

Cinquante ans plus tard, Paul-Claude Racamier invente l'Antœdipe, à partir de *ante* (avant) et *anti* (qui empêche). La position antœdipienne se situe avant le complexe d'Œdipe et si elle est trop puissante, elle empêche l'Œdipe de survenir. L'antœdipe serait l'Œdipe non résolu de ses propres parents. Ce qui conduirait à une position incestueuse du parent envers son enfant. Le parent rejouerait avec son enfant son Œdipe irrésolu avec ses propres parents.

**Dans la chambre des parents...**

Colette est fille unique. Les parents de Colette ont en commun une histoire liée à l'abandon. La mère est d'origine étrangère et ses parents se sont sentis déracinés lors de leur arrivée en France. Le père de Colette vient de l'assistance publique et dit qu'il s'est fait tout seul.

De sa naissance à l'âge de treize ans, Colette est obligée de dormir dans la chambre de ses parents. On peut imaginer l'amour que l'enfant projette sur ses parents et la rage qu'elle ressent lorsqu'elle les voit avoir des rapports sexuels. Elle se sent trompée, humiliée, en même temps qu'elle fantasme de participer à ces actes.

Ses premières relations sexuelles, Colette les aura à quinze ans sous le toit familial. Elle me dit : « J'ai l'impression d'avoir toujours eu une sexualité » puis « mon sexe est une arme ».

Plus tard, elle apprend que sa mère était « tombée » enceinte du gynécologue qui la suivait pour son accouchement et qu'elle avait dû avorter deux ans après la naissance de Colette. Elle découvre également que sa mère avait eu un amant pêcheur qu'elle avait vu régulièrement pendant sept ans, laissant la jeune fille en garde à ses grands-parents.

Si le complexe d'Œdipe est un fantasme destiné à le rester puis à être refoulé, l'incestualité s'inscrit dans le réel et empêche le fantasme de s'élaborer. En effet, on ne peut fantasmer que ce qui est inaccessible, par exemple, l'enfant qui dort dans la chambre de ses parents, ne fantasmera jamais y accéder puisqu'il y est.

L'incestuel est fait de secret, de non-dit. « Le secret exerce un rayonnement de non-dit, de non-dire, de non-à-savoir et de non-à-penser », explique Paul-Claude Racamier.

L'antœdipe est un fantasme antifantasme en ce qu'il s'inscrit dans la réalité et non pas dans l'imaginaire de l'enfant et par là, empêche tout fantasme, donc tout renoncement et toute évolution ultérieure.

Nous l'avons vu, Freud fait du complexe d'Œdipe le conflit nucléaire de toutes les névroses. Il a montré, grâce à ses recherches, qu'il considérait que toute personne ayant passé le complexe d'Œdipe avait un développement sain et que toute personne incapable de renoncer à ses désirs et de dépasser le complexe d'Œdipe devenait névrosée et que tout sujet n'ayant pas abordé le complexe d'Œdipe était psychotique. Freud nommait la schizophrénie, névrose narcissique.

Par la suite, les recherches avancées de Paul-Claude Racamier laissent entrevoir certaines causes, comme l'incestualité, qui pourraient s'opposer au bon déroulement de l'Œdipe et qui expliqueraient l'entrée dans une troisième catégorie de structure : les personnalités limites où l'on trouve notamment les perversions narcissiques.

### Chef de famille par intérim

Franck est l'aîné de la fratrie. Le père de Franck, à l'entendre est falot. Représentant de commerce, il est peu à la maison. Quand le père est absent, la mère désigne Franck comme étant le chef de famille. Quand le père rentre, Franck doit s'effacer et « laisser la place ».

Adulte, Franck est d'une jalousie maladive. Il est évident pour lui qu'il sera trompé, évincé. Au début de ses relations, il surveille et soupçonne ses amies, puis quand son angoisse devient trop forte, il trompe puis quitte le foyer. Franck en est à son troisième mariage et a quatre enfants.

### Comme avec papa ?

Quand la mère d'Olivia décède, le père d'Olivia la somme de prendre en charge ses frères cadets. Jeune adulte, elle annoncera à son père qu'elle va s'associer à un homme pour créer une entreprise dont elle assurera la gestion. Le père s'y oppose au motif qu'il serait indécent de s'associer à un homme avec qui elle n'est pas mariée et lui demande de tenir sa propre comptabilité. Olivia deviendra agoraphobe et ne pourra sortir de chez elle où elle continue de gérer l'entreprise paternelle.

Quand Olivia entame une analyse, elle a des problèmes d'argent. Elle propose donc à son analyste de tenir sa comptabilité en échange de ses séances. Quand son analyste lui fait remarquer « comme avec papa ? », Olivia ne répond pas et met fin à sa thérapie. Il est visiblement trop tôt pour elle pour renoncer à la place qu'on lui a imposée et pour prendre conscience de l'origine de ses symptômes.

Franck et Olivia ont été nommés par un de leurs parents comme pseudo-conjoint. Ils ont été confrontés à l'incestualité ce qui ne leur a pas permis d'accéder au fantasme de l'Œdipe et d'y renoncer pour se structurer et s'ouvrir sainement au monde. Franck deviendra pervers narcissique et trouvera beaucoup de bénéfice à humilier ses conjoints avant de les quitter. En prenant fantasmatiquement la place de la mère auprès d'hommes qu'elle prend pour le père et en restant ainsi dans une position incestueuse, Olivia développera des symptômes névrotiques graves.

## Incestuel et répétition

Quand un enfant a baigné dans l'incestuel, s'est senti trompé, a vu ses parents se tromper, il ne peut envisager de relation normale avec un autre. Alors, il rejoue sans cesse la même scène, espérant prendre « le beau rôle ». Rapidement, toute relation le met en danger et fait naître en lui une angoisse irrépressible. Par exemple, Franck s'attend à être trompé, il devient méfiant et agressif puis trompe et quitte sa femme.

**Surtout pas de contrat moral !**

Enfant, Monique voit sa mère tromper son père et son père en souffrir. Quand elle surprend sa mère avec un autre homme, elle garde le secret, devenant ainsi sa complice. Adulte, Monique ne rencontre que des hommes pervers, généralement mariés car au moins, avec eux, pas de contrat moral. Ils lui expliquent qu'ils l'aiment dans « l'ici et maintenant ». En fait, après s'être déchargés, ils retournent auprès de leur femme.

Puis, Monique rencontre Alain, un collègue de travail. Alain est aimant et fidèle, ce qui paradoxalement angoisse Monique. Elle ne retrouve pas ses « valeurs » habituelles. Monique aime la photographie. Elle se fait prendre par un ami photographe dans des tenues très légères, érotiques et suggestives. Puis, elle demande à son ami d'organiser une projection sur son lieu de travail en faisant attention de cacher son visage pour que sur les photos choisies on ne puisse la reconnaître.

Elle invite Alain à la projection pour lui faire « une surprise ». Alain se sent humilié face à ses collègues, il disparaît au cours de la séance. Plus tard, Monique le retrouve hébété au bord de la route en train de rentrer chez lui à pied. Alain est entré en souffrance comme souffrait son père quand elle était enfant. Il semble que Monique ne puisse envisager d'autre relation. Quand ils se sépareront, Alain refusera tout contact avec Monique. Elle ne comprend pas. Elle aurait voulu qu'ils restent amis.

Jacques confie : « J'ai longtemps fonctionné comme Pierrette. Je préférais être l'amant que le mari trompé. Il m'aura fallu la moitié d'une vie pour comprendre que je ne pourrai pas aimer sans d'abord m'être rencontré, que je ne pourrais rien vivre sans prendre de risque. Pour la première fois de ma vie, je me suis donné par amour à Pierrette. »

Habituée durant son enfance à baigner dans un climat d'incestualité, Monique ne peut envisager de relation normale, cela la mettrait trop en danger. Alors, elle trompe avant d'être trompée. Jacques, lui, après une relation trop difficile, décide de se remettre en question et de faire face à ses angoisses. Il sait qu'il ne pourra pas accéder au bonheur et à une vie stable autrement.

## Parents pervers

Colette a trente ans lorsqu'elle séduit Victor son médecin, alors qu'elle est, dit-elle, en train de se séparer de son mari avec qui elle a deux enfants et avec qui elle vit toujours sous le toit de ses parents.

Le début de leur amour est passionnel, elle écrit à son amant : « Tu es l'homme idéal, les chevaux ont tous une tache, ce qui permet de les reconnaître. Toi tu es sans tache, tu es parfait… »

En fait, elle ne prend pas le temps de le rencontrer dans la réalité, elle projette sur lui une image idéalisée et préserve ainsi l'idée délirante qu'elle se fait de lui, à l'instar du fantasme délirant qu'elle s'était fait de ses parents pour pouvoir continuer de les aimer. Car le rencontrer serait prendre le risque de perdre son objet idéalisé, son objet fantasmatique d'amour.

Lui est amoureux, mais aussi un peu coupable. Il sent bien que leur relation cloche, mais dit-il, s'accroche à l'idée de lui faire du bien. Rapidement, Colette va placer son ami dans des situations insupportables : rendez-vous manqués, menaces de rupture, parallèlement à des messages d'amour fort : « Tu es l'homme de ma vie… Je me sens bien avec toi… Je voudrais un enfant de toi… »

Au début, Victor a l'impression qu'elle met son amour à l'épreuve et au lieu de s'éloigner va multiplier ses preuves d'amour, par des cadeaux et des engagements forts. Paradoxalement, plus il lui démontre son amour, plus elle le met à l'épreuve et plus elle le met à l'épreuve, plus il la sent en danger et s'attache à elle. Elle ira jusqu'à le tromper et le lui faire savoir.

Les parents de Colette ayant appris leur relation vont multiplier les injonctions et les actions perverses pour « recoller » leur fille au giron familial. La mère dit : « Ton histoire d'amour n'est qu'une histoire de fesses. » Puis une amie de la mère connue pour « ses dons de voyance » prophétise « leur relation ne dépassera pas tel mois ». Enfin le père qui semble haïr sa fille au point de lui dire : « tu es folle, tu n'arriveras jamais à rien…ton fils aussi va devenir fou », organise un voyage et invite Colette, ses enfants et son mari qu'elle vient de quitter sans la prévenir de la présence du mari.

Les parents de Colette maintiennent à tout prix la confusion. Étymologiquement « con-fusion » signifie rester en fusion. La famille n'est plus alors vécue comme un groupement d'individualités, mais comme une entité à part entière. Les clivages s'opèrent au sein de la famille. Chaque protagoniste n'est qu'une instance désignée. Dans le cas de Colette, elle est censée porter, avec ses enfants, les symptômes de la folie, laissant ainsi les parents à l'abri de leurs propres maladies. Le gendre est le fils idéal que n'a pas su faire la mère, les amants, des soupapes de sécurité. Quand Colette rencontre Victor, elle le somme inconsciemment d'être le bon père qui la sortira de là. Paradoxalement, elle le place en situation d'échec à chaque tentative de sa part de l'aider, donc d'investir la réalité, car réussir avec lui, signifierait pour elle perdre ses parents et elle n'y est pas prête[1].

Les parents de Colette comprennent qu'ils sont en train de perdre leur fille, celle qui porte leurs symptômes, ce qui risquerait de les laisser face à leur propre folie. C'est pourquoi ils vont tout faire pour « recoller » à leur fille en la ramenant et en l'isolant à nouveau.

## Enfant symptôme

Pierrette est une petite fille malvenue. On aurait voulu « la faire passer », mais ça aurait était trop dangereux. Pierrette sait qu'elle était mal venue car on le lui a dit. Alors, pourquoi sa mère a préféré lui dire que l'on ne l'attendait pas, si ce n'est pour lui faire volontairement du mal, pour l'amoindrir ? Quand la mère est saoule, elle peut passer devant le berceau et donner un coup de pied dedans si l'enfant pleure. Elle gardera l'enfant car il est bien pratique de pouvoir donner des coups de pied dans un berceau : on se décharge et on crée ainsi un enfant symptôme de la famille, c'est lui qui tombera malade. Enfant, Pierrette refuse de manger, elle devient anormalement maigre. Sa mère l'appelle Buchenvald. Pierrette devient l'enfant symptôme. L'enfant symptôme est sommé de devenir fou à la place des autres.

Quand Pierrette rencontre Jacques, tout de suite, elle lui dit : « Je t'ai reconnu… » Elle sait qu'avec lui, elle va s'en sortir. Quand elle le présente à sa mère, il n'est que gentillesse, timidité et politesse. La mère aussi l'a reconnu. Elle dit : « C'est un crétin ! » Le verdict est tombé, il sera sans appel.

1. On pourrait penser que pour elle, le père réel est mauvais. L'homme idéal serait alors forcément hors du foyer (comme pour maman et son amant), peut-être même hors de la réalité.

Le paradoxe de l'enfant symptôme est qu'il doit être « conservé », dévalorisé et maintenu dans son marasme. S'il venait à disparaître, ses parents tomberaient malades (décompensation, dépression, maladie, accident…).

Autre paradoxe, le lien pathologique est le seul lien que l'enfant connaisse avec son parent, premier objet d'amour. Rompre ce lien, c'est prendre le risque de perdre son parent et d'entrer dans une période de souffrance apparentée au deuil. Aussi, quand la famille comprend qu'ils vont perdre le porteur du symptôme familial, ils multiplient les cadeaux et preuves d'amour et souillent l'image de l'ami. Paradoxalement, l'enfant symptôme est heureux de cette place retrouvée. Sinon, comment expliquer l'horreur de la mère qui dit à son enfant qu'il n'est pas désiré ? Comment expliquer l'horreur de la femme qui dit à son « ami » qu'il n'est pas désiré et qu'il va être quitté ? La mère appelle sa fille qui refuse de se nourrir, « Buchenvald », la femme appelle son « ami » ordure…

Alors, le compagnon ou la compagne devient le symptôme de l'enfant symptôme. Le bénéfice est considérable, l'enfant garde sa place auprès de son parent et possède maintenant son propre objet. Ainsi, tout change, de sujet aimé, l'ami devient objet dans lequel on se décharge, à salir et à garder absolument. Quand il s'éloigne, on se met à genoux et on lui dit qu'on l'aime. Quand il se rapproche, on le rejette et on l'insulte. Pierrette remet en place l'attitude de sa mère à son égard, ce qui lui permet de garder sa mère et de ne pas devenir folle tant que son ami restera. C'est maintenant l'« ami » qui est sommé de devenir fou.

## Cas Vanessa

Relire les trois textes précédents du cas Vanessa et répondre aux questions suivantes :

*Question 4* : Les perversions narcissiques sont aussi liées à la difficulté de faire un deuil. Qu'est-ce qui démontre cette difficulté dans la famille de Vanessa ?

..................................................................................................................

..................................................................................................................

..................................................................................................................

..................................................................................................................

*Question 5* : Quel est le rapport entre la difficulté de faire un deuil dans la famille de Vanessa et l'élaboration de son image ?

..................................................................................................................

..................................................................................................................

..................................................................................................................

..................................................................................................................

*Question 6* : Où se situent les différentes étapes donnant la forme de la pulsion de pouvoir de Vanessa ?

..................................................................................................................

..................................................................................................................

..................................................................................................................

..................................................................................................................

*Question 7* : À quel moment peut-on repérer de la paradoxalité dans l'histoire de Vanessa, puis dans sa façon d'agir ?

..................................................................................................................

..................................................................................................................

..................................................................................................................

..................................................................................................................

## Vanessa : le naufrage

Dans les premiers temps de sa vie amoureuse, Vanessa nourrit consécutivement un grand besoin de séduire, puis lorsqu'elle a obtenu ce qu'elle voulait, une grande angoisse liée à la peur de l'abandon ainsi qu'à la haine que les hommes lui inspirent. D'abord, elle ne rencontre que des hommes plus âgés qu'elle et généralement en vue, chefs d'entreprise, hommes d'affaires... qu'elle quitte après les avoir dévalorisés. Vanessa se fait une réputation de femme fatale. Les hommes sincères l'évitent. Ne s'approchent d'elle que ceux qui souhaitent inscrire une conquête de plus à leur actif. Jusqu'au jour où elle rencontre Gabriel. Gabriel est plus jeune qu'elle. Il dit qu'il la comprend. Il est aimant et respectueux et souhaite emmener Vanessa avec lui, changer de région et construire une histoire commune là où on ne les connaît pas. Paradoxalement, la gentillesse de Gabriel angoisse Vanessa. Elle alternera phases de séduction, puis dévalorisation. Chaque tentative de Gabriel de démontrer son amour et sa sincérité sera anéantie par Vanessa.

Quand ils se séparent, Gabriel écrit à Vanessa :

« ...Tu dis des hommes : "Ce sont des salauds, des sans couilles, des glandeurs..."

Tu m'as parlé de celui qui t'a obligée à coucher avec une autre femme, de celui qui, t'ayant fait quitter ton mari, t'a laissée en te disant : "Il y a beaucoup d'autres jolies filles, pourquoi m'embarrasserais-je d'une qui a un enfant ?", de celui qui t'a giflée parce que tu refusais de lui faire la caresse qu'il attendait, de celui que ta mère attendait pendant qu'il la trompait.

Pour toi, "tous les hommes sont des salauds". Pourtant, tous les hommes ne sont pas des salauds. Il faudrait que tu admettes que l'attitude de ceux que tu as rencontrés était anormale. D'une certaine manière, tu les protèges.

D'ailleurs, tu ne m'as jamais tant agressé que lorsque ça allait très bien entre nous. Aucun d'entre eux ne se serait donné le mal que je me suis donné pour toi, aucun ne t'a aimée comme je t'ai aimée.

Nos histoires se ressemblent et se complètent. J'ai toujours voulu t'aider. As-tu remarqué que j'ai toujours voulu te faire plaisir en cherchant à répondre à tes désirs ? Je voulais te faire l'enfant que l'on t'interdisait depuis seize ans, t'obtenir la promotion que l'on te refusait depuis quinze ans, ouvrir la librairie de tes rêves. J'avais moi aussi besoin de toi. T'intéresser au moindre de mes souhaits aurait été me reconnaître une quelconque existence mais risquait de te remettre en cause… »

**Étude de cas :**

*Question 8* : Peut-on trouver de l'incestualité dans l'histoire de Vanessa? Qu'est-ce que cela implique ?

*Question 9* : Qu'est-ce qui, dans la lettre de Gabriel à Vanessa, laisse penser que la victime d'un pervers protège parfois son bourreau?

---

Chapitre 10

# Les chemins de la compassion

## Le pouvoir de la compassion

Victor, qui est médecin, raconte : « Je suis né dans une famille comme celle de Colette. Mon grand-père a essayé de rendre mon père fou, mon père a essayé de nous rendre fous, mon neveu est schizophrène. Pour ne pas devenir fou, j'ai choisi les chemins de la sagesse (une longue route me reste à parcourir) et de la relation d'aide. Ainsi, à "l'effort pour rendre l'autre fou", j'ai préféré "l'effort pour rendre l'autre sage" (c'est le chemin que j'aurais aimé parcourir avec elle). »

Victor et Colette ont en commun un important manque d'estime de soi dû notamment aux mauvais traitements de leurs parents. Leurs mécanismes se ressemblent et sont en même temps opposés. Que le lecteur se rassure, je ne l'emmène pas vers une nouvelle devinette paradoxale,

Victor et Colette sont comme le négatif et le positif d'une même photographie. Ils montrent la même chose et pourtant sont inverses. Freud explique que le névrosé est le négatif du pervers. Ils ont les mêmes désirs mais le pervers passe à l'acte tandis que le névrosé refoule ses pulsions. Dans le cas de Colette et Victor, les deux utilisent clivage, déni, projection et prises de pouvoir. Avec un même type d'histoire, ils produisent apparemment deux caractères opposés. Toutefois, à bien y regarder, on retrouve les mêmes mécanismes. Même si dans un cas on pourrait parler de perversion narcissique et dans l'autre d'altruisme. Colette projette sa mauvaise part, Victor la bonne. Colette projette sa rancune, Victor de l'amour. Mais tous deux cherchent à maintenir leur image et à vérifier leur pouvoir.

## L'altruisme

L'altruisme peut être un mécanisme de défense, dans ce cas, il est « dévouement à autrui qui permet au sujet d'échapper à un conflit[1] ». L'altruisme peut même aller jusqu'à former des parties de caractère, par formation réactionnelle, de sens opposé à la pulsion d'origine : la pulsion de haine deviendrait amour, égoïsme, altruisme (il n'est pas rare de voir des enfants « préférer » aimer un puîné plutôt que de le détester, cette pulsion étant plus confortable face à leur mère).

D'ailleurs le titre du paragraphe précédent « le pouvoir de la compassion » est volontairement provocateur. La véritable compassion ne peut s'accorder avec les besoins de pouvoir. Les thérapeutes le savent bien : le travail de tout psychanalyste commence par sa propre analyse et notamment l'analyse de ses motivations et de ses propres pulsions de pouvoir. L'analyste est censé être dans l'humilité et la bienveillance. Demander à

1. Ionescu S., Jacquet M.-M., Lhote C., *Les mécanismes de défense*, *op. cit.*

quelqu'un d'être « dans l'humilité et la bienveillance » serait une nouvelle injonction paradoxale. C'est parce que nous nous serons adonnés à notre propre analyse et que nous aurons accepté d'étudier nos parts négatives, que nous pourrons être dans l'humilité. Parce que nous aurons dû nous observer et en passer par une bienveillance vis-à-vis de nous-mêmes, seul moyen de laisser émerger nos parties inconscientes, que nous pourrons être bienveillants envers les autres comme nous avons dû l'être vis-à-vis de nous-mêmes lors de notre propre analyse, involontairement, inconsciemment.

## Pardon ou déni

Faut-il pardonner pour comprendre ? Si le pardon est divin lorsqu'il accompagne les chemins de la résilience, il peut être déni s'il intervient trop tôt. Il est important de suivre un chemin de résilience avant de chercher à comprendre et à pardonner. Le ressenti de la souffrance de l'autre peut être ce qui nous a attachés à lui. Le comprendre pourrait nous ramener vers lui et nous faire retomber en enfer. On ne peut aider que dans la distance juste. C'est ce manque de distance qui nous a mis en danger. Les thérapeutes le savent : distance et neutralité sont nécessaires dans la relation d'aide. Précisément ce que ne peut pas faire la victime d'un pervers qui, nous l'avons vu, peut être attachée à son bourreau.

## Peut-on soigner sa famille et ses amis ?

On ne peut aider que dans la distance juste. Dans les exemples que j'ai repris, c'est justement le manque de distance et la bonne volonté de Olivia et de Jacques qui font d'eux des victimes rêvées pour des gens qui vont aussi mal que Françoise ou Pierrette. Évidemment, si quelqu'un de notre famille ou un de nos amis va mal, nous pouvons lui prêter une oreille attentive et compatissante, mais rapidement, il serait bon que la personne rencontre quelqu'un de neutre. Une personne me disait récemment avoir été très proche d'un couple d'amis en train de se déchirer, il était alternativement leur confident. Quand le couple s'est reformé, c'est avec lui qu'ils ont préféré couper les ponts. Probablement était-il détenteur ou porteur de leurs symptômes. Pour en revenir aux symptômes transgénérationnels, je vous propose à nouveau d'essayer de suivre les déplacements d'énergies et d'observer que pour sortir des transmissions perverses, il est nécessaire de faire un travail sur soi en profondeur.

**Une histoire familiale difficile**

La grand-mère de Clémence a été violée à dix-sept ans par un soldat américain en 1945. Elle est tombée enceinte de la mère de Clémence. Elle a d'abord tout fait « pour la faire passer ». Mais la petite fille est née. La grand-mère de Clémence était violente avec sa fille, aujourd'hui, elles ne se parlent plus et quand la grand-mère parle de sa fille, elle l'appelle « la catin ». La mère de Clémence était trop jeune lorsque à son tour, elle est tombée enceinte. Malgré une tentative d'avortement illicite, Clémence est née. Elle a subi des violences maternelles aussi bien physiques que morales durant toute son enfance. Quand Clémence vient consulter, elle se plaint d'angoisses nocturnes et d'insomnies surtout lorsqu'elle dort chez sa mère, d'angoisses de mort et d'une violence parfois irrépressible. Ce qui l'a décidé à consulter, c'est que quelques jours auparavant, lorsque sa fille a fait tomber un objet qui s'est cassé, Clémence s'est mise dans une telle colère qu'elle a passé son poing à travers la vitre de la fenêtre de la cuisine. Après quelque temps d'analyse, Clémence, qui a quarante ans, est partie en vacances chez sa mère. À son retour, elle me confie qu'elle a revécu ses angoisses d'enfant, elle ne pouvait pas s'endormir sans une veilleuse, elle imaginait que sa mère allait monter avec un couteau et profiter de son sommeil pour la tuer.

Dans cet exemple, on peut facilement suivre les pulsions mortifères qui se transmettent d'une personne à l'autre de génération en génération. En faisant une analyse, Clémence s'est peu à peu libérée de ses angoisses. Aujourd'hui, elle élève ses filles qui vont très bien et a repris ses études. En se libérant du schéma familial, elle a libéré les générations à venir qui ne transmettront plus ces pulsions. Encore une fois, c'est souvent en nous libérant nous-mêmes que nous libérerons les autres.

## De la projection au lâcher-prise

On en revient à la projection, si vous voulez faire du bien autour de vous, commencez donc par vous faire du bien à vous-même. « *Carritas bene ordonata incipit a se met ipsos*[1] » (le Dalaï Lama parle, lui, d'égoïsme altruiste).

Le terme de projection est mal choisi, quand Julien, le syndicaliste dont nous avons parlé précédemment, comprend son déplacement, il reste syndicaliste mais change de but intérieur et œuvre au bien-être social. Quand on réalise nos motivations premières, et qu'on les intègre, alors seulement, on peut entrer dans une véritable compassion, un véritable altruisme, sans nier nos besoins personnels, à la limite de l'abnégation. Il ne s'agit plus de projection, mais d'un véritable lâcher-prise, lâcher-prise qui ne se fera qu'au prix d'un long renoncement, une sorte d'Œdipe tardif. Alors, à nouveau, nous pourrons envisager que l'homme naît plusieurs fois. Au monde à sa naissance, à son image, vers dix-huit mois, à la société après l'Œdipe, à sa vraie nature tout au long de sa vie (bien souvent lors de crises). À ce niveau, il pourrait être intéressant d'observer l'origine du mot « paranoïa », trait particulièrement marquant chez les pervers narcissiques en tout genre (racistes, sexistes...). *Noïa*, c'est la naissance, *para*, ce qui empêche (comme dans parachute). Le pervers narcissique a été empêché de naître, bien souvent, comme nous l'avons vu, pour le confort de ses parents.

1. « Charité bien ordonnée commence par soi-même. »

André Green nous dit : « Il y a lieu de penser que l'acceptation de l'interrogation sur soi qu'implique l'analyse écarte en elle-même la caractérisation d'un sujet selon les critères du mal[1]. » Souvent nous jugeons les autres à l'aune de nos propres travers. Or lorsqu'on étudie le pervers, il apparaît que bien souvent avant d'être bourreau, il a été victime.

L'objet de ce livre est d'offrir une cartographie des mécanismes pervers narcissiques. Il nous appartient à chacun de travailler sur nous, de repérer dans le monde les êtres qui pourraient être dangereux pour nous, de nous en protéger ou pour le moins, de garder une distance suffisante. Une fois à l'abri, il est inutile et peut-être même dangereux de projeter nos jugements. Pour les victimes, d'abord se soigner, se reconstruire puis se protéger. Alors, oui, le pardon est divin et peut permettre une *métanoïa*, une nouvelle naissance.

Avant de conclure, je voudrais laisser la parole à Jacques qui après avoir fait un long travail d'analyse et un long travail de deuil, nous livre son témoignage. Le lecteur pourra retrouver à travers ce témoignage, l'essentiel de la théorie qui vient d'être développée.

## Amour et châtiment : le témoignage de Jacques

Quand nous nous sommes rencontrés avec Pierrette, elle était avec un homme depuis sept ans qu'elle disait ne pas aimer et qu'elle trompait régulièrement. De mon côté, j'entretenais une relation sans avenir avec quelqu'un qui n'était pas libre.

Rapidement, nous nous sommes reconnus. Elle disait m'avoir attendu toute sa vie : « J'ai l'impression de t'attendre depuis mille ans. ». Moi

1. Green A., *La folie privée : psychanalyse des cas limites*, Gallimard, 1990.

aussi, je nous sentais deux âmes sœurs. Nos relations amoureuses étaient magnifiques : complicité et proximité nous permettaient de vivre des moments de plaisirs rares. Pierrette était étonnante, elle pouvait changer du tout au tout en quelques instants. Parfois j'étais avec une jeune femme charmante, parfois avec une enfant qui avait besoin qu'on la protège. Cela se voyait jusque dans ses lettres qui pouvaient être aussi bien rédigées de belle manière, sans fautes d'orthographe, qu'écrites comme par une enfant.

Je mettai fin à ma relation antérieure sans le lui dire. Je voulais lui laisser de son côté, le temps d'en finir à son rythme. À son tour, Pierrette cessa sa relation et nous avons enfin pu vivre notre amour au grand jour. J'avais annoncé à mon ex-amie que je mettais un terme à notre relation, mais je ne lui avais pas dit que j'avais rencontré quelqu'un. Elle gardait donc toujours l'espoir de me revoir. Lorsque enfin, je le lui dis pour couper court à ses relances, elle s'effondra. Je ne pensais pas pouvoir faire tant de mal. Pendant quelque temps, j'en étais préoccupé et Pierrette le sentait. J'ai eu besoin de retourner voir mon ex-amie et de la rassurer. De lui dire que si j'avais arrêté notre relation, ce n'était pas que je ne l'aimais pas, c'était parce que notre relation était sans avenir et que cela ne me convenait pas. Ça a marché. Après avoir beaucoup pleuré, j'ai vu mon amie sourire à nouveau et partir rassérénée. J'en étais heureux. Je l'avais aidée à se relever. Tout à ma joie, je commis « l'erreur » d'en parler à Pierrette.

À partir de là, notre relation changea radicalement. Pierrette m'accusait d'être infidèle. Je devais comprendre qu'elle ne pouvait pas rester avec moi. Je me sentais coupable. À cause de ma bêtise, j'allais perdre la femme de ma vie. Alors, je multipliai les preuves d'amour et des engagements forts. Je lui dis que je n'avais aucun doute et que c'était avec elle que je voulais faire ma vie. À l'inverse, elle me disait, y compris en public, qu'elle hésitait entre rester avec moi et retourner avec son ex-compagnon. Cela avait le don de me faire entrer dans une rage folle, état que je n'avais jamais connu jusqu'alors. J'ai longtemps continué d'argumenter, jusqu'au jour où j'ai fini par accepter. Je lui ai dit que je la comprenais, qu'il était normal qu'elle veuille rejoindre cet autre puisque lui semblait posséder quelque chose que je n'avais pas, lui, la rassurait.

C'est là que son discours a changé. Elle m'a dit que c'était moi qu'elle aimait et qu'elle non plus n'avait aucun doute. Nous étions enfin sortis de cette période difficile. J'avais retrouvé la femme que j'aimais et nous allions pouvoir être heureux ensemble. Mais mon bonheur fut de courte durée. Quelques semaines plus tard, j'allais dîner avec des amis avec qui je pratique le théâtre. Elle en déduisit que j'étais avec une autre femme. J'allais devoir à nouveau payer pour mon erreur passée. Elle m'a dit que c'était fini, que notre histoire était trop chaotique. Je retournai chez moi la mort dans l'âme avec le sentiment que ma vie perdait son sens. Alors elle m'appela : « Pourquoi m'as-tu laissée ? Tu dois te battre pour me garder. »

Les temps qui ont suivi ont été faits d'une alternance de moments magnifiques, de moments chaotiques et de grandes critiques de sa part à mon égard. J'étais, selon elle, égoïste, structurellement infidèle, etc.

J'étais dans un tel état de tension que j'étais incapable de réfléchir sainement. Ce n'est que beaucoup plus tard que j'ai réalisé que les reproches qu'elle me faisait ne me correspondaient pas. Cela rend fou de s'entendre reprocher des défauts que l'on n'a pas. On ne peut pas réagir. Après avoir bien réfléchi, j'ai compris que ça n'était pas à moi qu'elle s'adressait. J'ai réalisé que les reproches qu'elle me faisait correspondaient précisément à sa mère et au père de sa fille. À travers moi, elle réglait ses comptes avec eux. Mais à l'époque, dans l'urgence, je ne pouvais pas le comprendre. Je prenais tout au pied de la lettre.

L'ambiance devenait de plus en plus lourde. Si je disais une blague, je me moquais d'elle. Si j'arrivais en avance au travail, c'était la preuve que j'avais une maîtresse. J'ai alors commencé à faire très attention à ce que je disais et faisais. Elle m'a dit : « Tu n'es pas naturel, ça cache quelque chose… »

Jusqu'au jour où j'ai craqué. Je me suis mis dans une colère inhabituelle. Je lui ai dit que ce qu'elle me reprochait était son fonds de commerce, que c'était obsolète, dépassé, qu'elle l'entretenait. Que sans ça, elle n'aurait rien à redire et que nous devrions être heureux. Alors, de nouveau son comportement a changé. Elle est entrée dans une sorte de dépression. N'ayant plus rien pour m'accuser, elle semblait ne plus savoir que faire de ses angoisses.

Il lui arrivait de m'appeler et de m'expliquer qu'elle avait pris des médicaments pour en finir avec la vie, qu'elle ne savait pas qui irait chercher sa fille à l'école. Comme elle est pharmacienne, je savais qu'elle avait ce qu'il fallait sous la main pour mettre ses projets à exécution. Si j'appelais les pompiers, elle disait que je ne savais pas entendre ses appels au secours et que je la mettais dans l'embarras face à des inconnus. Je me souviens qu'une fois, après m'être fait copieusement insulter, j'étais resté stupéfait, incapable de réagir. Elle a fait ce qu'elle devait attendre de moi. Je l'ai vue se frapper au visage, plusieurs fois. Je lui ai retenu les mains. Je lui disais : « Arrête, tu me fais du mal… » Jusqu'au jour où je l'ai laissée faire. Elle s'est ouvert la lèvre. Puis elle m'a dit : « Tu vois, à cause de toi… » J'avais beau lui dire que je savais qu'elle traversait une mauvaise passe, qu'elle allait s'en sortir et que dans ce moment difficile, je voulais être à ses côtés car je l'aimais, elle ne changeait toujours pas d'attitude.

Un jour, je vins chez elle et je trouvai sa fille dans le salon en train de jouer avec une copine. Quand je lui demandai où était sa mère, elle me répondit qu'elle était dans sa chambre. Là, je trouvai Pierrette ayant pris une grosse quantité de somnifères, d'anxiolytiques et de l'alcool. Je pris les choses en main. Je préparai un repas pour la petite et l'envoyai se coucher. Je restai toute la nuit en serrant très fort Pierrette contre moi. Le lendemain, au lieu d'aller travailler, j'amenai l'enfant à l'école, son père irait la récupérer. Puis, nous allâmes avec mes amis participer à un stage de théâtre. Je savais que là plus qu'ailleurs, quand je me sentais mal, je pouvais en sortir. Je pensais que Pierrette y trouverait les mêmes outils que moi. Je l'y avais déjà emmenée et à chaque fois, ça c'était mal passé. Elle semblait ne pas supporter que j'essaie de trouver une solution. Durant tout ce week-end, je restai à ses côtés. La nuit nous dormions ensemble.

Un soir, épuisé, je me tournai sur le côté pour m'endormir. Se sentant abandonnée, elle me dit : « Je vais reprendre des somnifères. » Alors, je me retournai promptement vers elle et m'excusai : « Pardon, je suis négligent. » Elle s'endormit rapidement contre moi. Je passai une nouvelle nuit blanche, mais j'aimais la sentir se détendre, peut-être grâce à moi.

Je crois que ce week-end changea beaucoup de choses entre nous. Elle comprit enfin combien je l'aimais et que j'étais prêt à tout pour que nous soyons bien ensemble. S'ensuivit un mois délicieux. Les gens semblaient envier notre relation. Il n'était pas rare que j'entende : « vous allez si bien ensemble » ou « je suis heureux pour toi… ». Un mois plus tard, nous partions en vacances avec nos enfants. Lorsque nous sommes arrivés, Pierrette apprit par sa fille que celle-ci avait été battue par son père peu de temps avant notre départ. Cette nouvelle la bouleversa. Le soir, j'eus une petite dispute avec les enfants. Aussitôt, Pierrette m'accusa de maltraiter sa fille. Or l'enfant ne m'avait toujours renvoyé que de l'amour et de la gentillesse. La réflexion de Pierrette était inadaptée, en tout cas, ne m'était pas destinée. Vexé, je partis faire un tour, pensant qu'après avoir réfléchi, Pierrette me présenterait des excuses.

D'excuses, je n'en entendis point, en revanche, comme à son habitude, elle me reprocha ma réaction. Le soir, comme je me retournais pour m'endormir, elle menaça de nouveau : « Je vais reprendre des médicaments. » Je ressentis une violence que je n'avais jamais connue auparavant. Elle utilisait mon inquiétude pour elle, mon amour et ma gentillesse pour me manipuler. Je l'ai empoignée avec une rare violence et heureusement, j'ai fini par me contenir. Toutefois, je culpabiliserai longtemps d'avoir découvert ce trait de moi que je ne connaissais pas.

Dans les temps qui ont suivi, je restai aimable, mais peut-être un peu distant. Alors, elle est entrée dans un nouveau discours : « Tu n'es plus comme avant, redeviens comme tu étais… » Je lui fis remarquer que, avant, elle ne cessait de me critiquer. Comment pouvait-elle me demander de changer pour redevenir ce qu'elle semblait ne pas supporter à l'époque ?

Heureusement, il y eut de nouveaux stages de théâtre. Je partis seul et retrouvai mes amis là-bas. Pour la première fois depuis plus d'un an, je ris à en perdre le souffle. Je sais maintenant, avec du recul, que cette période m'a sauvé la vie et je ne manque pas d'en remercier mes amis. Puis, je suis rentré. Pierrette a senti ma joie de vivre naturelle et a semblé ne pas la supporter. De plus, je lui dis combien je m'étais amusé. J'ajoutai qu'il s'était trouvé là-bas une jolie jeune femme qui m'avait trouvé très séduisant. Bien sûr, j'ajoutai que j'avais repoussé ses avances car je n'étais pas libre et j'étais particulièrement fidèle.

Pourquoi lui ai-je dit ça ? Avec le recul, je me dis que j'avais besoin, après plus d'un an de dévalorisation régulière de redorer un peu mon image. De toute façon, j'avais aussi précisé que j'étais fidèle. Je devais y retourner pour un deuxième stage et Pierrette m'y rejoindre. Je partis même un peu plus tôt que prévu, impatient que j'étais de retrouver rires et sympathies. Pierrette ne l'a pas supporté. Pendant mon voyage, elle m'appela et me dit qu'elle avait décidé de mettre fin à notre relation. Je lui demandai de bien réfléchir. Elle me le confirma. Pour la première fois, j'acceptai. Je n'eus plus de nouvelle pendant une semaine, ce qui me permit de me détendre et de revenir à un état normal. Puis, de nouveau mon téléphone sonna. Elle m'appelait en pleurs pour me dire combien elle m'aimait et qu'il nous serait impossible de nous séparer. Grâce à la distance, je tins bon. Je réitérai mon désir d'en finir. Toutefois, je profitai de ses appels pour lui rappeler que je l'aimais, que ce n'était pas elle que je fuyais mais l'aspect insupportable de notre relation. J'ai beaucoup profité de cette période et récupéré de l'énergie.

À mon retour, nous ne tardâmes pas à nous revoir. Je l'apercevais à peine que je ressentais combien je l'aimais. Toutefois, je tins bon et ne cherchai pas à la reconquérir. Le prix de notre relation était beaucoup trop élevé. Elle m'envoya les plus beaux messages que j'ai reçus de ma vie. Elle me disait exactement ce que j'aurais rêvé d'entendre. Je l'aimais tellement.

Évidemment, nous sommes retombés dans les bras l'un de l'autre. Dès le premier jour de nos retrouvailles, nous allâmes à la plage. Nous y passâmes un moment merveilleux. Je crois pouvoir dire que chaque fois qu'elle nous l'a permis, je me suis senti avec elle, plus proche que je ne l'ai jamais été avec qui que ce soit dans ma vie. Durant le voyage de retour, je lui expliquai que je souhaitais passer le prochain week-end avec elle et que le suivant je serais à nouveau en stage de théâtre. Elle entra dans une grande colère au motif que j'organisais mes week-ends sans elle. J'avais beau argumenter, elle ne m'écoutait pas. Quand je la déposai devant chez elle, elle me dit qu'elle mettait fin à notre relation. Je partis, puis me ravisai. Si c'était pour entendre dans une heure que je l'avais abandonnée alors mieux valait que je lui démontre que non. Je revins sur mes pas et retournai chez elle. Là, elle me dit : « Regarde-moi bien dans les yeux, c'est fini nous deux. ». Jamais elle n'avait été si péremptoire. Dans la soirée, je voulus retourner la voir. Sur le chemin, elle m'appela. Je lui dis que j'arrivais, alors elle me dit que je perdais mon temps, que tout était fini. Je rentrai donc chez moi. Sur la route, elle m'appela et me dit : « Tu vois, tu ne m'aimes pas, sinon, tu serais chez moi… » Je raccrochai sans répondre.

De retour chez moi, j'ai cru devenir fou. J'essayai de l'appeler pour une dernière explication mais elle ne décrochait pas. Alors, j'ai décidé de partir. Je lui ai envoyé un message où je lui disais que j'éteignais mon téléphone jusqu'à la fin du week-end, puis j'ai pris le train et fait mille kilomètres. Je suis allé retrouver une amie de cœur. Quand de retour, je rallumai mon téléphone, j'avais des dizaines de messages où Pierrette me disait en pleurs, son amour et sa peur de me perdre. Quand enfin, elle réussit à me joindre, je lui dis où j'avais passé le week-end et qu'il était hors de question de reprendre notre relation. Elle pleurait, me disait qu'elle ne pourrait pas vivre sans moi, que j'étais son évidence, sa raison de vivre...

Alors nous sommes retombés dans les bras l'un de l'autre. Quelques semaines plus tard, l'ambiance était à l'amour. Je lui annonçai que j'avais compris l'origine de ses angoisses, que c'était mon absence qui l'angoissait et ma présence qui la rassurait et que j'avais donc décidé de venir vivre avec elle. Elle me dit : « Avant, je dois t'avouer que je t'ai trompé la semaine dernière avec un étranger que je ne connaissais pas. » À nouveau, mon sang s'est glacé, j'étais incapable de parler. Je voulus partir, mais elle tenta de m'en empêcher physiquement. J'attendis qu'elle s'éloigne puis je partis en courant. Je ne devais pas parler, je ne devais pas l'écouter. Je devenais fou. Ses propos étaient incompréhensibles pour moi. Mon cerveau ne pouvait plus élaborer de pensées intelligentes. Le lendemain, elle fit quatre-vingts kilomètres pour me rejoindre à mon travail et là, se mit à genoux : « Je sais que tu m'aimes, nous ne pourrons pas vivre l'un sans l'autre. » Notre relation dura six mois de plus. Les alternances de moments merveilleux et de moments infernaux continuèrent. Je pouvais la voir changer de visage, de voix et même d'accent en quelques instants. Ce qui m'avait charmé les premiers temps devenait mon enfer. Quand je la voyais, je ne savais pas qui j'allais rencontrer. Un jour, je lui annonçai que j'avais fait une tentative de suicide. Cela ne changea rien à son attitude, peut-être même que cela eut l'effet inverse. Chaque occasion de plaisir était saccagée. Quand elle m'accompagnait en stage de théâtre, cela se passait toujours mal, généralement sur le thème de la menace de partir avant la fin. Elle finit même par passer à l'acte et quitta sur un prétexte fallacieux le stage en plein milieu, m'humiliant ainsi devant mes amis. Je tombai malade, ce qui peut arriver. Puis une deuxième fois, ce qui n'est pas dans mes habitudes. Je tombai malade trois fois en deux mois. J'attrapai tout ce qui passait : grippe, rhume, angine, etc. J'ai dû perdre quinze kilos en peu de temps. J'étais incapable de réfléchir intelligemment. Ses propos étaient contradictoires. Un jour, la fidélité était essentielle, le lendemain inutile. Un jour, j'étais l'homme de sa vie, plus tard Monsieur Tout-le-monde. Quand arriva le deuxième anniversaire de notre rencontre, nous étions invités chez des amis à elle. Nous avons passé une soirée très agréable. Tout le week-end, nous nous sommes aimés comme au premier jour. À la fin du week-end, elle m'a dit, les yeux brillants de plaisir : « Qu'est-ce que tu es gentil, comment peux-tu être aussi gentil après tout ce que je t'ai fait ? » Je lui répondis que c'était parce que je l'aimais et que j'étais naturellement comme ça.

Se pouvait-il qu'après deux ans d'horreur, nous puissions enfin nous retrouver et vivre notre amour normalement ? Le lendemain, elle m'appela, j'étais heureux, encore tout au plaisir de notre week-end passé. Elle me dit : « Tu es un être toxique, tu ne comprends pas que j'ai toujours voulu te quitter ? » Je raccrochai, incapable de répondre. Le soir je l'appelai, elle me raccrocha au nez.

Le lendemain elle m'envoya un message, comme je ne lui répondais pas, elle m'écrivit : « Tu vois, tu as fini par m'abandonner. » Dans les jours qui suivirent, elle m'appelait régulièrement, elle aurait voulu que nous devenions des amants. Je lui demandai de cesser de me contacter, lui expliquai qu'à chacun de ses appels, s'ensuivaient pour moi des jours de souffrance et d'insomnie.

Elle m'avait d'abord tenu par la culpabilité puis par le souci que je me faisais pour elle. C'est la peur de la mort qui a fait que je ne suis pas retourné vers elle. Je restai chez moi, prostré, incapable de réagir.

Heureusement, un mois plus tard, j'avais un stage de théâtre avec mes amis. Là, j'allais pouvoir me reconstruire, passer à autre chose. Quand j'arrivai, elle était là, souriante au milieu de mes amis. Elle voulut me parler, je refusai tout contact. Évidemment, il s'est trouvé quelqu'un pour venir me dire qu'elle racontait qu'elle m'avait quitté et qu'elle était triste de me voir souffrir. Elle, qui avait toujours été désagréable lors de nos stages, montrait un visage souriant à mes amis. J'entrai dans une rage intérieure que je ne pouvais évidemment pas exprimer. J'étais d'une agressivité extrême, si bien que les gens ont fini par m'éviter. Je devenais fou. La nuit, je ne pouvais pas dormir. C'est alors que j'ai rencontré l'angoisse la plus violente dont je me souvienne. Je me voyais tout petit enfant, en proie à une angoisse d'abandon terrible, quasiment synonyme de mort. Je me disais que mes amis allaient me rejeter, que plus personne ne voudrait de moi, que j'allais errer comme une âme en peine. Je me noyais dans la noirceur de mon âme.

Heureusement, parallèlement, j'étais surpris de supporter cette épreuve. J'étais conscient de devenir fou et quelque part, je gardais confiance. Ma structure intérieure me permettait de faire face à cette folie.

Dans les temps qui ont suivi, je n'étais que haine et souffrance. Je restai de nouveau prostré chez moi. J'aurais voulu la détruire, lui renvoyer le mal qu'elle m'avait fait. Pour la protéger de ma méchanceté, je coupai tout contact avec elle. J'ai réussi à tenir longtemps, malheureusement, j'ai fini par craquer et lui envoyer des messages d'une violence incroyable. Alors, elle prit plaisir à m'annoncer qu'à peine quelques jours après notre séparation, elle avait rencontré un homme marié à qui elle avait expliqué qu'il ne devait pas s'attendre à ce qu'elle soit fidèle, vu que lui ne l'était pas. Je me suis dit qu'un objet, une fois usé, on le jetait et qu'on le changeait très rapidement.

Depuis, je suis enfin sorti de ma folie. J'ai pu observer les choses avec recul. Pendant deux ans, j'ai consacré toute mon énergie à la soutenir. Puis je me suis effondré. Résultat, j'ai perdu mon emploi et j'ai dû rendre ma maison. Aujourd'hui, je suis comme une page blanche, sans image, sans avenir.

Quand nous nous sommes rencontré Pierrette et moi, j'étais bien dans ma peau, connu pour ma bonne humeur. Elle devait aller très mal. Aujourd'hui, nous avons échangé nos places. Je suis mal, elle va bien et se charge de me le faire savoir. Quelque temps après notre séparation, elle m'a écrit : « Soigne-toi. Si tu te soignes, alors, je serai *guerrie*[1]. »

La grande question que je me pose est de savoir si quand elle me disait m'aimer comme jamais elle n'avait aimé, si ces mots étaient sincères ou comme je l'ai pensé parfois, s'il s'agissait « d'âme-son » destinés à me harponner quand je m'éloignais ou à m'éventrer quand je me rapprochais. Toutefois, je suis fier d'être resté fidèle à mes valeurs et aussi d'être resté avec elle, pour le meilleur et pour le pire, de l'avoir soutenue, aidée à s'en sortir et de ne pas l'avoir abandonnée.

Mon psychanalyste me dit que je devrais me renarcissiser. Je n'en suis pas sûr. Je pense que l'image de soi est quelque chose à protéger à un moment de sa vie, mais qu'il faut un jour, aller au-delà.

Le pervers est une caricature et un miroir déformant. Elle m'a montré quelque chose de moi. Certes, je serais incapable de faire le mal qu'elle fait, mais j'ai moi aussi un fonctionnement de surface. Je sais qu'il m'appartient maintenant de faire le tri et de retrouver mes vraies valeurs, non pas celles que l'on énonce pour produire un effet mais celles qui animent réellement mon être.

1. La faute à l'écrit, si elle est significative, est nommée *lapsus calami* en psychanalyse. J'avais déjà entendu le jeu de mots : « chez les soignants, le soi est nié » (en effet, se pencher sur le cas des autres peut être un bon moyen de s'oublier et d'éviter un travail sur soi). Pierrette est pharmacienne à l'hôpital. Il semble que, pour elle, la racine du mot *guérir* est guerre et non guérison…

Je me souviens qu'enfant, j'aimais me baigner dans un fleuve connu pour ses courants. De nombreuses personnes s'y étaient noyées et les gens du village disaient que j'étais fou d'y nager. Je savais que je ne risquais rien, car si je me faisais emporter par un tourbillon, je devais me laisser couler pour ressortir plus loin. Les gens qui s'étaient noyés avaient dû lutter contre le courant. En ce milieu de vie, j'ai décidé de faire pareil, de me laisser emporter par cette crise pour ressortir plus loin et reconstruire une vie qui me correspondra mieux.

Je sais que je vais en sortir et malheureusement, vu ses valeurs et son attitude, je sais que Pierrette retournera dans son marasme. Elle dit que tout le monde agit comme elle. Peut-être lui ai-je montré le contraire. Le jour où elle retombera de nouveau dans la souffrance, je fais le vœu d'être là, à ses côtés. Mais cette fois, dans la distance suffisante pour ne pas plonger avec elle. Je retournerai vers elle, non pas avec Mon amour et Ma compassion, mais avec amour et compassion, sans attente de retour.

# Conclusion

Voilà, tant que le monde sera monde, il y aura des Lorelei et des don Juan. S'ils savaient le mal qu'ils font ! Quant à nous, tel Ulysse ligoté à son mât, il nous appartient d'entendre et de rester sourds à leurs appels. Paradoxe, paradoxe ! Mais n'oublions jamais qu'il s'agit d'anciens enfants maltraités et que si la victime peut espérer sortir de son enfer, le pervers lui restera prisonnier de sa structure. Puissent-ils comprendre que le mal qu'ils font, s'il les soulage sur le moment, les ramènera sans cesse au même point. Puissent-ils un jour trouver les chemins qui les aideront à en sortir.

Laissons la conclusion à Nelson Mandela, qui après avoir passé trente-cinq ans en prison et avoir subi le harcèlement d'une société qui prône le racisme et qui utilise des mécanismes pervers narcissiques pour se maintenir et justifier ses actes, écrit :

*De la peur*

« Notre peur la plus profonde n'est pas que nous ne soyons pas à la hauteur, notre peur la plus profonde est que nous sommes puissants au-delà de toute limite. C'est notre propre lumière, et non pas notre obscurité qui nous effraie le plus. Nous nous posons la question : Qui suis-je, moi, pour être brillant, radieux, talentueux et merveilleux ? En fait, qui êtes-vous pour ne pas l'être ? [...] Vous restreindre, vivre petit ne rend pas service au monde. L'illumination n'est pas de vous rétrécir pour éviter d'insécuriser les autres. [...] Elle ne se trouve pas seulement chez quelques élus, elle est en chacun de nous, et au fur et à mesure que nous laissons briller notre propre lumière, nous donnons inconsciemment aux autres la permission de faire de même. En nous libérant de notre propre peur, notre présence libère automatiquement les autres. »

Nelson Mandela, *Discours d'investiture à la présidence*,
Pretoria, le 10 mai 1994.

# Suggestions de réponses au cas Vanessa

### Question 1 : *Qu'est-ce qui dans ce texte, évoque le déni dans la famille de Vanessa ?*

« Vanessa est née un an après Vanessa sa sœur aînée morte à la naissance » : le déni est déjà un mécanisme à l'œuvre dans la famille de Vanessa. Les parents donnent le même prénom à la puînée pour « oublier l'échec » de la précédente.

### Question 2 : *La pensée magique est un des traits communs aux pathologies du narcissisme. Où peut-on repérer la genèse de ce type de pensée dans l'évolution de Vanessa ?*

« Aussi, n'a-t-elle généralement que le temps de penser son désir pour qu'il soit satisfait » (voir premier texte). La pensée magique est attribuée à des fixations liées aux premiers temps de la vie. Souvent le nourrisson n'a que le temps de penser son désir et la mère est là pour le satisfaire. Adulte, il peut continuer à fonctionner sur ce mode.

Ainsi « Quand trente ans plus tard, son frère alors jeune papa, aura un accident dont il ressortira indemne mais où son petit garçon perdra la vie. Vanessa produira une intense culpabilité : "Je l'ai tellement haï, qu'il a fini par payer…" […] Toute sa vie, Vanessa restera fixée à la pensée magique des premiers moments de sa vie où il lui suffisait de penser son désir pour qu'il se réalise ».

## Question 3 : *Le pervers narcissique se débat contre des valeurs paradoxales. À quels types de valeurs amoureuses Vanessa est-elle confrontée ?*

« À la puberté, la mère de Vanessa lui demande de nettoyer la chambre de son frère pendant qu'elle s'occupe de la chambre du père. » Dans le discours de la mère et étant donné ce que Vanessa peut voir d'après ce qui se passe chez elle, la place de la femme consiste à faire le ménage pour son mari.

« Le père est un "cavaleur" notoire. Elle la [sa mère] verra se battre contre une rivale, puis surprendra son père sortant de chez une de ses maîtresses, secret qu'elle devra garder… » Les femmes qui semblent trouver grâce aux yeux du père sont à l'extérieur de la maison, toutefois celle auprès de laquelle il revient est la mère au foyer.

« Paradoxalement, le père ne permet pas à sa fille de fréquenter des garçons. "Ma fille n'est pas une putain…" » Le père lui-même nomme les filles qui fréquentent des garçons des putains. En matière de valeurs amoureuses, Vanessa est confrontée à une situation des plus paradoxales dont les contraintes sont inextricables. Pour en sortir, Vanessa devra choisir entre devenir une maman « bonne » et trompée, ou une putain que le père semble mépriser mais dont il apprécie manifestement la compagnie.

## Question 4 : *Les perversions narcissiques sont aussi liées à la difficulté de faire un deuil. Qu'est-ce qui démontre cette difficulté dans l'histoire de Vanessa ?*

Ne pouvant faire face au décès de l'enfant aîné, incapable d'en faire le deuil, Vanessa est sommée par ses parents de la remplacer. C'est pourquoi ils lui donnent le même prénom.

### Question 5 : *Quel est le rapport entre la difficulté de faire un deuil dans la famille de Vanessa et l'élaboration de son image ?*

L'enfant mort est parfait. Premier-né, il est l'enfant du fantasme. N'ayant jamais commis de faute, il est pur. L'objectif inconscient donné à Vanessa est inatteignable. Elle ne pourra jamais élaborer d'image (idéal du moi) à la hauteur des attentes inconscientes de ses parents.

### Question 6 : *Où se situent les différentes étapes donnant la forme de la pulsion de pouvoir de Vanessa ?*

Enfant unique dans le réel, Vanessa attire tous les regards à elle. Elle sait bien qu'elle est toute-puissante dans le regard de ses parents jusqu'à la naissance d'un puîné qui s'avère être un garçon. Vanessa perd alors son « phallus narcissique » que représentait son image dans le regard de ses parents car les regards se détournent vers le nouveau-né. On peut penser qu'elle en attribuera la cause au fait qu'elle est une fille. Mais elle retrouvera un sentiment de pouvoir lorsque sa mère accordera un intérêt à son accession à la propreté. Alors, Vanessa aura le sentiment de pouvoir maîtriser sa mère en accédant ou pas à son désir[1].

### Question 7 : *À quel moment peut-on repérer de la paradoxalité dans l'histoire de Vanessa puis dans sa façon d'agir ?*

En lui demandant de faire le ménage pour son frère pendant qu'elle s'occupe de la chambre du père, la mère place Vanessa face à une double contrainte. Vanessa ne peut résoudre ce paradoxe qu'au prix d'un choix



1. Parmi d'autres symptômes qui n'ont pas été développés dans le texte, Vanessa souffre de graves constipations dès qu'elle doit faire face à une difficulté dans sa vie d'adulte.

douloureux. Soit elle devient la bonne, l'équivalent de sa femme dans la culture familiale pour son frère, soit elle charge plus sa mère en refusant de faire ce travail.

### Question 8 : *Peut-on trouver de l'incestualité dans l'histoire de Vanessa ? Qu'est-ce que cela implique ?*

Ce paradoxe la place dans une position incestuelle de soumission face à son frère. De plus, Vanessa est mêlée à la sexualité de ses parents. En devenant la complice des infidélités de son père pour ne pas faire souffrir plus sa mère, Vanessa prend une place malgré elle dans leur sexualité. Elle devra continuer de composer avec une réalité qui lui est imposée plutôt que de fantasmer. De fait, elle ne pourra pas accéder à l'Œdipe pour y renoncer ensuite et continuer d'évoluer. Adulte, Vanessa continuera le paradoxe, alternant phases de séduction et phases de dévalorisation de ses partenaires. Habituellement, Vanessa choisit des partenaires en vue et plus âgés qu'elle. Sans doute, leur donne-t-elle la place du père, à la fois aimé et haï se retrouvant ainsi dans une position incestueuse et anxiogène. Son compagnon, Gabriel, est plus jeune que Vanessa. Peut-être lui donne-t-elle la place du petit frère ?

### Question 9 : *Qu'est-ce qui, dans la lettre de Gabriel à Vanessa, laisse penser que la victime d'un pervers, protège parfois son bourreau ?*

Gabriel suppose que Vanessa le dévalorise pour protéger son père. Selon lui, en pensant que les hommes sont des salauds, Vanessa protégerait les méfaits de son père qui deviendraient ainsi normaux. Plus Gabriel est aimant, plus elle l'attaque. Plus il est bon, plus elle le dévalorise. Il a peut-être raison quant à une des origines des mécanismes de Vanessa. Il serait le mauvais objet, ce qui permettrait à Vanessa de continuer d'aimer de façon délirante ses bons objets introjectés durant l'enfance. Mais en parlant ainsi, il continue de la protéger. Si elle le dévalorise à ce point, c'est pour cacher sa propre faille narcissique et non celle de ses parents et projeter son chaos à elle, pour faire de Gabriel le porteur de ce chaos. Plus Gabriel ira mal, plus Vanessa aura des chances d'aller bien. Pour continuer d'aimer Vanessa, Gabriel a recours à son tour à une idéalisation de sa partenaire. Rationalisation et intellectualisation sont des mécanismes de défense qui lui permettent de mettre à distance ses propres affects et de maintenir son déni face à la toxicité des comportements de sa compagne.

# Annexe

Ensemble, nous avons considéré les origines probables des perversions narcissiques. Nous y avons trouvé des mauvais traitements de parents ayant eux-mêmes un important déficit d'image. Ces mauvais traitements, nous les avons envisagés lors du maniement de l'enfant selon les théories de Winnicott, mais aussi au travers de l'incestualité comme nous le propose Paul-Claude Racamier. Toutefois ces causes ne conduisent pas toujours à la perversion. Je propose que nous observions ensemble quelques-uns des autres troubles de la personnalité narcissique. Nous allons essayer de dégager les traits communs à ces différents caractères.

## Les pathologies du narcissisme

Nous l'avons vu, Freud fait du complexe d'Œdipe le conflit nucléaire de toutes les névroses. En l'état de ses recherches, il estime que tout individu ayant liquidé le complexe d'Œdipe peut s'équilibrer ; le sujet n'étant pas capable de dépasser le complexe d'Œdipe est névrosé ; celui qui n'aborde pas le complexe d'Œdipe est psychotique.

Des travaux plus récents permettent de dégager une autre catégorie de personnalités, les personnalités limites. Otto Kernberg[1] va jusqu'à faire des personnalités limites un groupe d'organisation psychopathologique ayant en commun une forme de structure pathologique relativement stable. Selon lui, les personnalités limites ne seraient pas un lieu de passage entre névrose et psychose, mais une structuration à part entière.

## Pourquoi nommer certaines des pathologies limites, pathologies du narcissisme ?

Si l'on reprend l'évolution psychosexuelle de l'enfant, trois grands stades seraient à dégager :

- la découverte des objets non-moi (phase objectale) ;
- la découverte de son image et de l'altérité (phase narcissique) ;
- la découverte du tiers et de la société (phase œdipienne).

À chaque phase correspond des angoisses ; à l'incapacité de les dépasser, des pathologies.

À la phase objectale correspondent les angoisses de morcellement, de dissociation et les psychoses. À la phase narcissique des angoisses d'abandon et les pathologies limites. À la phase œdipienne, une angoisse de castration, la culpabilité et les névroses.

## Les personnalités limites

Il existe autant de théories qu'il existe de théoriciens sur ce sujet. Winnicott parle de faux *self « as if »* c'est-à-dire une personnalité qui se

1. Kernberg O., *Les troubles limites de la personnalité*, Dunod, 1997.

conforme aux nécessités de l'entourage. Bergeret évoque une relation en alternance entre la fusion et la distance, en aller-retour. Selon Bergeret, le *border line* entre dans le désir de l'autre et peut être débordé par celui-ci. Pour lui, le sujet n'est mû que par son idéal du moi. L'origine viendrait d'un traumatisme précoce qui ne serait pas suffisamment long pour plonger l'enfant dans la psychose mais suffisant pour empêcher l'Œdipe.

Outre une origine génétique, Otto Kernberg envisage une faiblesse du moi qui entraîne :

- un manque de tolérance à l'angoisse ;
- un manque de contrôle pulsionnel ;
- un manque de développement des voies de sublimation.

Nous l'avons dit, il existe autant de théories que d'auteurs à ce sujet. On parle d'état limite, d'organisation limite de la personnalité, de *border line*, de préschizophrénie, de psychose de caractère, de schizoïdie, de schizophrénie pseudo-névrotique, de faux *self*, de névrose grave, etc.

## Les mécanismes de défense typiques des états limites

### Le clivage

Nous trouvons un clivage sur l'objet ou sur l'image de soi. Le clivage est une défense contre une angoisse extrême. Le clivage a pour but de préserver une image de soi sans rapport avec la réalité, souvent composée de caractère « grandiose[1] ».



1. Quand Bernard me dit : « je suis comme une Ferrari sans essence », il expose à la fois l'idée grandiose qu'il a de lui-même et son impuissance.

## L'idéalisation

Le mécanisme de l'idéalisation porte autant sur l'objet que sur le soi. L'autre n'a aucun défaut, il présente toutes les qualités et tous les mérites[1]. Le sujet se retrouve dans des relations idéalisées car la moindre tache sur le vernis réactive aussitôt l'angoisse destructrice et mortifiée venant des mauvais objets[2]. La solution contre l'angoisse est soit l'idéalisation, soit le dénigrement méprisant. Le risque est qu'aussi haute sera l'idéalisation, aussi grande sera la chute.

## L'identification projective

Elle a pour fonction d'expulser les mauvais objets, les mauvaises images de soi ou de l'objet que la personne ne peut pas intérioriser, et les faire porter à l'autre.

L'introjection des mauvais objets représente une menace pour la bonne image de soi. La solution est donc une projection sur l'objet extérieur qui devient mauvais et dangereux.

## Le déni, l'omnipotence, la dévalorisation

Ce qu'il admet consciemment, le sujet le dénie dans ses passages à l'acte ou ses affects. Face à l'idéalisation et pour la maintenir, tant le soi que l'objet deviennent omnipotents, de telle sorte que les mauvais objets ne peuvent rien contre eux. Le risque est un renversement de l'idole, une dévalorisation importante avec un effondrement de l'image de soi.

1. Colette, qui est passionnée d'équitation, dit à Victor : « Les chevaux ont tous une tache, toi tu es sans tache. » Au début, Pierrette dit à Jacques : « Tu es mon évidence… je t'ai attendu mille ans… »
2. Voir Marcelli D., Cohen D., *Enfance et psychopathologie*, Masson, 2006.

### Le passage à l'acte

Il permet d'évacuer sur l'extérieur ses désirs ou ses besoins avant toute réflexion et mentalisation. Toutes ces défenses ont pour objectif d'éviter au sujet d'aborder sa dépression. Mais à tout instant, ses traumatismes peuvent réémerger, ce qui risque de ressusciter sa défaillance narcissique. Lorsque certains événements de la vie surviennent (deuil, rupture...) le sujet peut trouver une compensation par la fuite en avant pour fuir la dépression ou entrer dans une dépression avec angoisse d'abandon (perte d'objet).

## Quelques portraits types présentant des troubles de la personnalité[1]

Les personnalités schizoïdes et schizotypiques présentent un détachement dans les relations sociales et une restriction dans la variété des expressions émotionnelles. La personnalité schizotypique aurait en plus des symptômes schizophréniques : croyances étranges, bizarrerie du comportement, isolement social... Les épisodes de dépersonnalisation qui les font douter de la réalité leur permettent de rester ancrés dans la réalité et de ne pas entrer dans le délire.

La personnalité antisociale ou psychopathe était considérée comme plutôt masculine, mais il semble que comme pour l'hystérie qui a longtemps été attribuée aux femmes, ces personnalités tendent vers la parité. Les psychopathes sont incapables de retarder l'accomplissement et la satisfaction d'un désir. Ils ne supportent pas la frustration et ne connaissent ni remords ni culpabilité. Souvent même au contraire, il n'est pas rare de les entendre se vanter d'avoir volé, détourné ou manipulé. Il y a



1. Les personnalités limites peuvent emprunter à plusieurs de ces portraits.

un aspect pervers chez le psychopathe en ce qu'il retire du plaisir à faire mal. À la différence du pervers qui lui, connaît la loi mais la dénie, le psychopathe a intégré des valeurs erronées, il a pris le mauvais pour le bon. Ses relations sont superficielles, utilitaires. C'est un jouisseur. Ce qu'il recherche, c'est la satisfaction immédiate. On trouve souvent chez le psychopathe des conduites addictives. Ce sont généralement des personnes en marge de la société.

La personnalité histrionique[1] ou hystérique[2] était essentiellement féminine mais elle s'observe de plus en plus fréquemment chez certains hommes. L'histrionique est en quête d'attention constante. Il cherche à capter sans cesse l'attention des autres. Ce sont des personnes égocentriques qui montrent une labilité émotionnelle et une facticité des affects. Ils changent facilement d'attitude, de voix et parfois même d'accent ou de façon de s'exprimer en fonction de leur public. Ce sont des personnes facilement seules car elles cherchent à éviter les relations authentiques, mais qui sont rassurées quand les gens les regardent. Elles sont dans une séduction permanente, mais quand cette étape est passée, elles ne peuvent poursuivre la relation. Ce sont des personnes fragiles malgré l'image qu'elles donnent aux autres. Elles sont très émotives mais d'humeur changeante. Elles ont souvent des comportements manipulatoires (chantage au suicide) et des comportements nymphomanes. La sexualité est affichée, mais elles ont beaucoup de mal à garder une relation. Elles ont une mauvaise image d'elles-mêmes. Elles sont généralement porteuses d'une angoisse d'abandon et si elles se sentent rejetées, on peut observer des manifestations dépressives et anxieuses.

Les personnalités narcissiques ont des comportements « grandioses ». Elles se placent au-dessus des autres, ont besoin d'être admirées comme

1. « Histrionique » vient d'« histrion » : comédien, acteur, bouffon.
2. « Hystérique » vient du grec *ustera* : utérus.

des êtres exceptionnels. Elles sont rapidement autosatisfaites, manquent de modestie et le font sentir aux autres. Cette préoccupation excessive de soi et ce besoin d'être aimé (O. Kernberg) peuvent être adaptés aux relations sociales et leur permettre d'atteindre une certaine réussite. Ils ont peu de scrupules à abuser des autres. Ils surestiment leurs qualités et sous-estiment leurs erreurs ce qui peut entraîner des situations d'échec et des difficultés relationnelles. Ils ne comprennent pas les affects des autres. Les autres ne sont là que pour les servir. Comme le psychopathe, ce sont des jouisseurs. Ils ne présentent aucune culpabilité et peuvent être très jaloux. Ils cherchent alors à dévaloriser l'autre, à le discréditer pour tenter de prendre sa place. Ce sont des gens qui se retrouvent facilement seuls car ils n'ont aucune considération pour les autres. Leur surestimation d'eux-mêmes cache une forte tendance dépressive qu'un échec risquera de faire ressurgir. Kernberg envisage que leur mère aurait pu être distante et froide. L'enfant aurait eu le sentiment d'être mal-aimé et compenserait par le sentiment d'être unique pour pallier le manque d'amour maternel. On observe plus de personnalités narcissiques chez les enfants uniques et chez les aînés.

# Bibliographie

Si le lecteur veut approfondir ses connaissances en la matière, il pourra étudier les ouvrages, classés ici par thématiques, qui ont été utilisés pour la rédaction de ce livre.

## Les pulsions

FREUD Sigmund,

*Trois essais sur la théorie de la sexualité*, Folio Essais, Gallimard, 1985.

« Pulsions et destins des pulsions » in *Métapsychologie*, Folio Essais, Gallimard, 1986.

GIBEAULT, FREUD A., FREUD ET AL., *Les pulsions : Amour et faim. Vie et mort*, coll. Les grandes découvertes de la psychanalyse, Tchou, 1997.

## Les mécanismes de défense

FREUD Anna, *Le Moi et les mécanismes de défense*, PUF, 2001.

IONESCU Serban, JACQUET Marie-Madeleine, LHOTE Claude, *Les mécanismes de défense*, coll. Fac. psychologie, Nathan Université, 1997.

## Le narcissisme et ses pathologies

BERGERET Jean, *La personnalité normale et pathologique*, coll. Psychismes, Dunod, 1996.

CARRÉ Christophe, *La manipulation au quotidien : la repérer, la déjouer, en jouer*, Eyrolles, 2007.

DEJOURS Christophe, *Souffrance en France : la banalisation de l'injustice sociale*, Seuil, 1998.

FREUD Sigmund, « Pour introduire le narcissisme » in *La vie sexuelle*, PUF, 2002.

HIRIGOYEN Marie-France, *Le harcèlement moral : la violence perverse au quotidien*, Syros, 1998.

KERNBERG Otto, *Les troubles limites de la personnalité*, coll. Psychismes, Dunod, 1997.

« La perversion narcissique », n° 3, vol. 67, de la *Revue française de psychanalyse*, coll. La Pathologie narcissique, PUF, 2003.

## Le deuil

FREUD Sigmund, « Deuil et mélancolie » in *Œuvres complètes*, vol. XII, PUF, 1988.

KÜBLER-ROSS Elisabeth, *Accueillir la mort*, Pocket, 2002.

## La résilience

CYRULNIK Boris,

*Un merveilleux malheur*, Odile Jacob, 1999.

*Les vilains petits canards*, Odile Jacob, 2001.

## Les théories de Paul-Claude Racamier

*Antœdipe et ses destins*, Apsygée, 1989.
*Le génie des origines*, Payot, 1992.
*L'inceste et l'incestuel*, Éditions Collège de Psychanalyse, 1995.

## Autres ouvrages :

KLEIN Melanie, RIVIERE Joan, *L'amour et la haine : le besoin de réparation*, Payot, 2001.

LAPLANCHE Jean, PONTALIS Jean-Bertrand, *Vocabulaire de la psychanalyse*, PUF, 2007.

RACAMIER Paul-Claude, *Les schizophrènes*, Payot, 2001.

SEARLES Harold, *L'effort pour rendre l'autre fou*, Folio Essais, Gallimard, 2003.

WATZLAWICK Paul, WEAKLAND John H., FISCH Richard, *Changements : paradoxe et psychothérapie*, Points Seuil, 1981.

WINNICOTT Donald Woods,
*Jeu et réalité*, Folio Essais, Gallimard, 2002.
« Objets transitionnels et phénomènes transitionnels » in *De la pédiatrie à la psychanalyse*, Payot, 1989.

Composé par Sandrine Rénier

Achevé d'imprimer : Jouve, Mayenne
N° d'éditeur : 3781
N° d'imprimeur : 508373F
Dépôt légal : avril 2010
*Imprimé en France*